曹照鹏 / 著　世良插画 / 绘

给女性的第一本法律启蒙书

民主与建设出版社
·北京·

© 民主与建设出版社，2023

图书在版编目（CIP）数据

给女性的第一本法律启蒙书 / 曹照鹏著；世良插画绘. -- 北京：民主与建设出版社，2023.8

ISBN 978-7-5139-4294-2

Ⅰ.①给… Ⅱ.①曹… ②世… Ⅲ.①法律－中国－通俗读物 Ⅳ.①D920.4

中国国家版本馆CIP数据核字（2023）第135101号

给女性的第一本法律启蒙书
GEI NÜXING DE DI-YI BEN FALÜ QIMENG SHU

著　　者	曹照鹏
绘　　者	世良插画
责任编辑	吴优优　金　弦
特约策划	徐芳宇
封面设计	海　凝
出版发行	民主与建设出版社有限责任公司
电　　话	（010）59417747　59419778
社　　址	北京市海淀区西三环中路10号望海楼E座7层
邮　　编	100142
印　　刷	大厂回族自治县德诚印务有限公司
版　　次	2023年8月第1版
印　　次	2023年9月第1次印刷
开　　本	710毫米×1000毫米　1/16
印　　张	17.25
字　　数	237千
书　　号	ISBN 978-7-5139-4294-2
定　　价	58.00元

注：如有印、装质量问题，请与出版社联系。

PREFACE

前言

　　法律的目的不是废除和限制自由，而是保护和扩大自由，法律不是冷冰冰的刻板条文，而是我们每个人都随时需要的权利保障书，特别是女性，每个时代的每个女性，在成长、工作、生活的过程中可能都会经历由于性别而带来的歧视与不公。

　　多年来，我接触了一些自身权益受到侵害的女性，很有感触。特别是有些人受害之后，不知自己有相应的权利，也不知拿起法律武器来保护自己。所以，我想写这样一本书，写出女性朋友在恋爱、婚姻、工作、生活、消费等方面常见的故事，分析在遇到侵犯自己权益的事情时应该怎么办，让大家读了有所获益与启发。

　　翻开这本书，你会看到一个个发生在我们身边的真实故事，感受到法律对个人的保护和影响。特别是书中的普法问答，从从业的专业角度与经验出发予以指引，帮助女性运用法律手段维护自身合法权益，克服法律上面临的各种不利境况。

　　虽然本书立足于女性朋友的视角来编写，但是对其他读者也有所裨益。这些故事发生在我们的日常生活中，每个人都可能遇到相似的情况，希望届时能为广大读者朋友提供可靠的指导与帮助。

本书也是《给孩子的第一本法律启蒙书》的姊妹篇，上一本书出版之后得到了全国各地法律工作者、教育工作者、社会工作者、广大青少年和家长的热烈欢迎。2021年，我带着这本书参加了北京开学第一课——普法进校园，之后又多次应邀走进中小学和大家一起分享。

我将会继续把身边的故事讲给大家听，让大家轻松地掌握法律知识。

本书的编写创作过程，得到了伊涵的大力支持，她在出版前认真阅读全书，并提出了一些宝贵的修改意见，在此表示感谢。

同时，对一直以来给予我学术指导的北京大学法学院刘凯湘教授和张潇剑教授、中国人民大学心理学系主任胡平教授和心理学系雷雳教授等恩师，表示最真挚的感谢！

我作为法律工作者、教育工作者、社会工作者，由衷地希望广大读者能从本书中受到启迪，希望女性朋友能够增强法律意识，学会运用法律武器来处理各种纠纷、抵制各种侵害，从而有效地维护自己的合法权益。

书中如有不足之处，恳请法学界同人不吝赐教，对此我们表示深深的感谢。让我们为实现男女平等，为中国的法治进步而共同努力！

CONTENTS

目录

恋爱婚姻篇

属羊和属牛的人能不能在一起? —— 002
分手后的礼物该怎么算? —— 005
举办了婚礼,就算结婚了吗? —— 008
可以阻止伴侣爱上普拉提和钢管舞吗? —— 011
婚前买股大涨,婚后可以分割增值吗? —— 014
婚前有房产,婚后共同还贷,离婚时怎么分? —— 017
假离婚变为真离婚,婚姻关系、财产约定怎么办呢? —— 020

隐瞒精神疾病史的爱情,该何去何从? —— 023
不想生孩子,配偶可以请求赔偿吗? —— 026
给第三者转账,配偶可以要求返还吗? —— 029
借名买车,出了事故谁担责? —— 032
情侣间以夫妻名义,在借条上签字,要共同偿还吗? —— 035
流产后,配偶可以提出离婚吗? —— 038
全职妈妈离婚时可以获得补偿吗? —— 041
不配合做试管婴儿,配偶可以提出离婚吗? —— 044
发现男友隐瞒已婚事实,该怎么办? —— 047

同居到底算什么关系呢？　　　　　　　　　　050
频遭骚扰恐吓，该怎么办？　　　　　　　　053
屡遭家庭暴力，该怎么办？　　　　　　　　056
消费观念不一致，可以离婚吗？　　　　　　059
离婚冷静期内，购买的汽车到底归属谁呢？　062

亲属继承篇

丈夫投资借款，妻子一起还债？　　　　　　066
我养你小，可谁养我老呢？　　　　　　　　069
丧偶儿媳，有继承权吗？　　　　　　　　　072
外嫁的女儿，有继承权吗？　　　　　　　　075
老人的居住权，可以登记吗？　　　　　　　078
非婚生子的抚养费、医疗费、教育费，要不要支付？　081
离婚之后，抚养费可以增加吗？　　　　　　084
可以请求人民法院中止探望权吗？　　　　　087
监护人可以变更吗？　　　　　　　　　　　090
离婚时，可以不分或少分财产吗？　　　　　093
事实婚姻能继承财产吗？　　　　　　　　　096
未出生的遗腹子，可以保留继承份额吗？　　099
不履行赠与合同约定的义务，可以撤销赠与吗？　102
赠出的房子，可以拿回来吗？　　　　　　　105

生活维权篇

老阿姨爱捡废品堆楼道，违法吗？　　　　　110
厨房改厕所，楼下住户该怎么办？　　　　　113
原业主拖欠的物业费，该补交吗？　　　　　116

遭到谩骂侮辱,该怎么办?	119
热心施救造成伤害,要不要赔偿呢?	122
知假买假,可以索赔吗?	125
赠品电饭煲着火,可以得到赔偿吗?	128
刚买了10天的宠物,死了谁来赔呢?	131
学历提升保过,真能保过吗?	134
孩子买的手机,可以退吗?	137
"免费领养"宠物变"强卖",违法吗?	140
轻信微信群友,亏的钱谁来承担?	143
健身会所跑路了,充值卡怎么办?	146
酒店充值的余额,能不能退?	149
健身体验变"伤身",该找谁赔?	152
在健身会所被偷窥,该怎么办?	155
承诺的减肥竟增肥,该怎么办?	158
托人找关系入学未办成,退不退钱?	161
整容变"毁容",该找谁索赔?	164
小区加装电梯遭一楼住户阻止,怎么办?	167

劳动社交篇

工作地点擅自变更,是否可以获得补偿?	172
出生地被歧视,可以胜诉吗?	175
客户为退房大闹导致身亡,该由谁担责?	178
因怀孕请假而被辞退,违法吗?	181
怀孕8个多月,可以拒绝加班吗?	184
休产假期间收入到底是多少?	187
既领产假工资又领生育津贴,要不要退还?	190
保证两年内不结婚生子,无奈的承诺有效吗?	193
美容手术后请假休养,可以算病假吗?	196

客户不满返厂重做，个人需要赔偿吗？	199
签订竞业限制协议，是否要支付补偿金？	202
周末工作是值班还是加班呢？	205
带货主播与公司之间是什么关系？	208
可以请求签订无固定期限劳动合同吗？	211
职场遇性骚扰，怎么办？	214
签署放弃缴纳社保声明，违法吗？	217
试用期未缴社会保险，合法吗？	220
离职后到底要不要向公司支付培训费和生活费？	223
公司解除劳动合同，可以要求公司赔偿吗？	226
因照顾生病家人被辞退，可以获得赔偿吗？	229

人身安全篇

被乱跑的宠物弄伤，该谁承担责任？	234
生日聚会醉酒回家途中死亡，同饮者是否担责？	237
爬树摘核桃坠落受伤，孰之过？	240
打篮球受伤，谁承担责任呢？	243
高空抛烟头，后果谁来担？	246
高龄产妇被撞流产，可以索要精神赔偿吗？	249
公园路边扫码："陷阱"还是"馅饼"？	252
网络主播擅自直播，要不要支付违约金？	255
"谈恋爱"照片被发布在网上，找谁赔？	258
房屋所有权不完整的买卖合同，有效吗？	261
租到"甲醛房"，该怎么办？	264

恋爱婚姻篇

LIANAI
HUNYIN
PIAN

属羊和属牛的人能不能在一起？

黄阳，1991年出生，生肖属羊，现任某银行大客户经理。许妮，生于1997年，生肖属牛，在卓越商业咨询公司做出纳。两人是大学校友，又出自同一导师，彼此自然多了几分熟悉。

许妮经常要跑银行处理对公业务，由于刚工作不久，很多业务不太熟悉，黄阳给了许妮很多帮助。一来二去，两人确立了恋爱关系，准备缔结婚约。

眼看国庆长假快到了，黄阳跟许妮商量，这个假期我们去看你爸妈，好不好？许妮一听觉得不错，就按这个去计划。

到了许妮家，许妮的爸爸对黄阳倒还满意，只是她的妈妈坚决反对：妮妮啊，你怎么能跟属羊的人在一起呢？牛羊相克，你们在一起的话，以后会没有幸福的哦。

许妮说，妈，这都什么年代了，你怎么还迷信啊？再说，我们是自由恋爱在一起的，你应该祝福我们啊。

可还没到晚上，许妮的妈妈就跑去跟黄阳讲：我郑重地告诉你，牛和羊不能在一起。你不听的话，我就不吃不喝给你看。你今天晚上就给我走，必须走！

那么，一只"羊"和一只"牛"还能不能在一起？

法律规定

《中华人民共和国宪法》（以下简称《宪法》）第四十九条：禁止破坏婚姻自由。（部分内容省略）

《中华人民共和国民法典》（以下简称《民法典》）第一千零四十二条：禁止包办、买卖婚姻和其他干涉婚姻自由的行为。（部分内容省略）

《民法典》第一千零四十六条：结婚应当男女双方完全自愿，禁止任何一方对另一方加以强迫，禁止任何组织或者个人加以干涉。

律师点评

生肖属牛的许妮和生肖属羊的黄阳能够在一起。

单纯地依据生肖来判断两者能否在一起的行为,显然是很不对的。婚姻是男女双方以永久共同生活为目的,以夫妻的权利义务为内容的结合。缔结婚姻的双方,必须要遵循双方完全自愿的原则,这是婚姻自由的具体体现。

由此可见,男女双方与谁结婚、是否结婚都应当由当事人决定。任何组织、任何个人都不得强迫当事人结婚、不结婚,抑或是与谁结婚或不得与谁结婚等。

普法问答

在某些地区,长辈出于"好意",干涉婚姻,该怎么办?

由于受传统思想、经济利益等因素的影响,有些长辈出于对儿女的过度"关心"、担心子女的幸福,通过包办、买卖婚姻,甚至干涉结婚,强迫离婚,强制男方到女方落户等,这些都是违法的行为。

遇到这种情况,我们可以先耐心地对父母等当事人讲道理,讲述清楚两人的情感,让父母等当事人知道干涉婚姻自由的行为属于违法行为。若仍无济于事,则可以请居委会、村委会或有关单位进行调解。

分手后的礼物该怎么算？

许希与芮雯，高中时期是同班同学，芮雯不顾家人的反对，毅然和许希报考同一所大学，两人来到一个陌生的大都市，开启了象牙塔的生活。

在大学校园里，两人互帮互助，共同进步，彼此更坚定了要共度余生的信念。转眼毕业了，芮雯选择了留校任教，而许希则申请硕博连读，继续深造。

随着许希博士研究生毕业，他如愿拿到了跨国公司的入职通知书，从

穷小子成为"高富帅"。他为了弥补过去生活的贫寒,开始频频给芮雯买高档的包包、衣服、化妆品,有时候还趁出差带她一起去度假等。

越努力就越优秀,越优秀责任就越大,事情就越多。工作的事情多了,陪伴芮雯的时间越来越少,她就有了很多抱怨:我要的是你陪我,而不是给我神仙水、香奈儿、迪奥。眼看周围同学纷纷结婚,两人却常因为许希满世界飞而闹得不可开交,有时甚至半个月都不能见一次面。许希则说,你怎么就不能理解我的辛苦呢?我这么拼还不都是为了我们以后的生活吗?

可现实就是这么残酷,爱情需要精心呵护,在一次次的争吵中,双方选择了结束。可谁知道,许希提出要芮雯归还他所买的礼物,折价10万补偿自己。

那么,两人分手后的礼物,该怎么算呢?

法律规定

《民法典》第六百五十七条:赠与合同是赠与人将自己的财产无偿给予受赠人,受赠人表示接受赠与的合同。

《民法典》第六百六十三条:受赠人有下列情形之一的,赠与人可以撤销赠与:(三)不履行赠与合同约定的义务。

(部分内容省略)

律师点评

芮雯不需要归还礼物。

许希分多次自愿赠送化妆品、包包等给芮雯的行为属于赠与行为，单单是为了取悦女生，使感情升温，是通过物质来弥补自己陪伴的缺失。所以，一般认为这种情况下是不需要归还的，更谈不上补偿。

在恋爱期间，双方以结婚为目的，一方为其购置汽车、房屋或者金额较大的商品、转账等行为，可以理解为这个是附条件的。当分手的时候，这个前提条件不存在了，自然一方应该归还另一方相应的财物。

普法问答

在恋爱中，金钱往来要注意哪些问题呢？

在恋爱的关系中，有的赠与说是赠与，实际上却是借款，有的借款也能当成是赠与。

第一，无偿赠与。在恋爱中，情侣间往往会发一些特别含义的红包或者转账来表达自己的爱意，比如对方生日的时候，发个生日数字的红包；恋爱纪念日的时候发个"520""1314"等，这些红包的数额有着特殊的含义，一般可以认为是表达爱意、联络感情的金额支付，属于无偿赠与行为。

第二，附条件赠与。当转账金额超过一般消费的时候，比如以结婚为目的的大额财物赠与，就应当考虑属于附条件赠与了。如果条件未达成，就要进行全部或者部分退还财物。

第三，借贷行为。就算是情侣，两人之间有了借贷法律关系，并且有充分的证据证明，那么于情于理，借款一方都应当按照约定及时返还财物。

在恋爱中，女生一定要经济独立，有些男生会因自己花费过多而带来越来越多的控制欲，因此女生一定要有自我保护意识。

举办了婚礼，就算结婚了吗？

2021年，田程（男，20岁）从江西老家来到上海做快递员、外卖员，每天工作近20个小时。在上海务工期间，他认识了同乡的张娟（女，23岁）。两人三观一致，张娟也常常白天送快递，晚上送外卖。两人在一起之后，彼此鼓励，他们的收入加在一起，轻松过4万，有的月份能达到5万多。虽说很苦，但是心里是甜的。

两人在一起一年左右的时间，一直过着同居生活。张娟觉得这样很不

踏实，一直想跟田程结婚有个家。田程跟她说，我今年才21岁，年纪还小，我们可以先简单办个婚礼，这样就算结婚了。我们要趁年轻，赶紧赚钱，以后才能给你更多幸福啊。

于是，两人选择了一个周末，回到老家，简简单单地办了几桌酒席。

那么，举办了婚礼，两人就算结婚了吗？

法律规定

《民法典》第一千零四十七条：结婚年龄，男不得早于二十二周岁，女不得早于二十周岁。

《民法典》第一千零四十九条：要求结婚的男女双方应当亲自到婚姻登记机关申请结婚登记。符合本法规定的，予以登记，发给结婚证。完成结婚登记，即确立婚姻关系。未办理结婚登记的，应当补办登记。

《民法典》第一千零五十一条：有下列情形之一的，婚姻无效：（三）未到法定婚龄。（部分内容省略）

律师点评

张娟和田程并不是法律意义上的夫妻。

婚姻关系要得到法律承认、受到法律保护，必须要满足法律规定的相关要求并履行登记手续。仅仅按照当地风俗举办婚礼、办酒席，通过这种形式来告诉亲朋好友：我们结婚了，这还并不是法律上的夫妻。

此外，结婚还要满足法律上的相关要件，如男子年龄要满22周岁，女子要满20周岁，如果没有达到法定婚龄，将导致婚姻关系无效。这个规定主要是基于我国男女青年的身体、心理发育水平，也符合我国国情、民情。

普法问答

必须进行结婚登记，才能使得婚姻有法律效力吗？

我国结婚实行登记制度，双方必须亲自到民政部门婚姻登记机关进行结婚登记。符合法律规定的，民政机关予以登记，发给结婚证。只有按照法律规定进行登记领证之后，才具有真正意义上的法律效力。

之所以要进行审查并登记，是为了更好地保障婚姻自由、男女双方的权益。一是可以从法律层面确保一夫一妻制，防止重婚。二是可以从法律层面防止早婚、三代以内血亲关系结婚等婚姻无效情形的出现。

通过结婚登记之后，夫妻中任何一方出现家暴、出轨、恶意转移财产等破坏婚姻行为时，可以更好地保护另一方。此外，一旦出现婚姻、家庭纠纷，相关部门就能更好、更及时、更有效地保障婚姻当事人合法权益。

可以阻止伴侣爱上普拉提和钢管舞吗？

王海朝和崔馨是一对新婚伴侣，由于工作缘故，王海朝这一年体重增加较快，1.75米已经接近200斤。这让他非常苦恼，一是怕崔馨嫌弃自己，二是担心疾病缠身，连累她。

一天，两人在逛街的路上，看到一则广告：坚持30天，给你一个全

新的自己，速来"普＆钢"俱乐部。王海朝顿时心动不已，拉着崔馨来到"普＆钢"俱乐部，俱乐部前台热情地向他介绍起了这里的主打项目：普拉提、钢管舞。

崔馨一听：啊？你一个大男生竟然跑来练这个？王海朝则一脸认真地说：我小时候就喜欢看钢管舞，觉得特别酷，一直没有机会学，现在可以学了。再说还有普拉提，当然要利用这个机会，既瘦身又可以弥补童年的缺憾。

报名之后，王海朝每天雷打不动地去锻炼。崔馨很是苦恼，甚至为了不让他去俱乐部，跟他冷战、热战，可结果都以失败告终。

那么，崔馨可以阻止爱上普拉提和钢管舞的王海朝吗？

法律规定

《民法典》第一千零四十三条：家庭应当树立优良家风，弘扬家庭美德，重视家庭文明建设。

夫妻应当互相忠实，互相尊重，互相关爱；家庭成员应当敬老爱幼，互相帮助，维护平等、和睦、文明的婚姻家庭关系。

《民法典》第一千零五十七条：夫妻双方都有参加生产、工作、学习和社会活动的自由，一方不得对另一方加以限制或者干涉。

律师点评

崔馨无权阻止王海朝练习普拉提和钢管舞。

崔馨与王海朝虽然已经结婚，但是彼此仍有各自的人身权利，并且不会随着结婚，夫妻一方的人身自由活动受到禁止。

而且王海朝在报名学习之后，并没有对家庭带来实质性的危害，也没有出轨等破坏婚姻的行为，崔馨仅仅凭自己的个人喜好、偏见就横加阻止的行为并不妥当。要知道，登记结婚之后，夫妻二人的社交活动是受法律保护的，相互之间是不能强行限制的。

普法问答

婚后夫妻双方的人身自由权利有哪些？

夫妻双方结婚、成家并不能让任何一方进入婚姻牢笼而失去基本的人身自由权利。夫妻双方应当相互尊重对方的选择，任何一方都没有法定义务为了家庭而放弃自己的工作、前途、日常喜好。

需要注意的是：如果确实婚后需要牺牲、放弃，也应当建立在尊重的前提下作出自我选择，而不是道德绑架或者PUA。

一般来看，婚后夫妻双方的人身自由权利包括以下三点：一、夫妻双方都有参加生产、工作的权利，任何人不得干涉和限制妇女参加劳动的权利。二、夫妻双方都有参加学习的权利，任何人都有追求自身提高的权利。三、夫妻双方平等享有参加社会活动的权利。

婚前买股大涨，婚后可以分割增值吗？

王明大学期间学的是金融专业，他利用所学的专业知识，一直从事股票看盘与分析。在一次证券公司组织的模拟盘大赛中，他带领团队获得第一名的战绩，每次分析和买入、卖出都还不错，在同学中享有"股神"的称号。

王明大学毕业之际，父母给了他10万元，再加上自己的奖学金2万元，他买了2只股票：A&B。大学毕业第二年，王明和大学同学江小淇结婚。

婚后，王明一直沉溺于股票操作，并打算以炒股为职业。为此，他的妻子江小淇和他的矛盾不断。王明提出让他赌一把，把两人的全部积蓄投入股市，并将房产抵押加杠杆投入，江小淇坚决反对。于是，两人感情急剧恶化。江小淇提出离婚诉讼，并要求分割 A&B 股票的收益。

那么，A&B 股票增值部分可以作为夫妻共同财产分割吗？

法律规定

《民法典》第一千零六十二条：夫妻在婚姻关系存续期间所得的下列财产，为夫妻的共同财产，归夫妻共同所有：

（一）工资、奖金、劳务报酬；

（二）生产、经营、投资的收益；

（三）知识产权的收益；

（四）继承或者受赠的财产，但是本法第一千零六十三条第三项规定的除外；

（五）其他应当归共同所有的财产。

夫妻对共同财产，有平等的处理权。

《最高人民法院关于适用〈中华人民共和国民法典〉婚姻家庭编的解释（一）》（以下简称《民法典婚姻家庭编的解释（一）》）第二十六条：夫妻一方个人财产在婚后产生的收益，除孳息和自然增值外，应认定为夫妻共同财产。

律师点评

本案的关键在于王明之前所购买的股票，在婚后有无操作。

如果一直没有操作，王明所持有 A&B 股票的增值部分完全是由股市行情变化导致的，是自然增值，属于个人婚前财产，江小淇无权分割。如果王明在婚后不断操作，为 A&B 股票的增值付出了时间、精力，这也是对家庭生活的经营与付出，此时，A&B 股票的增值部分应当属于主动增值，是夫妻共同财产，江小淇可以进行分割。

当然，通常情况下，一般很少人持有 A&B 股票 2 年以上，完全不操作的情形。

普法问答

离婚时，夫妻一方所持的股票，应当如何处理？

首先，确定要分割的股票是否属于夫妻共同财产。股票是夫妻关系存续期间以夫妻共同财产购买的，在离婚时，股票就应当被认定为夫妻共同财产进行分割。但若是一方的股票，在婚前已经投资或婚后以婚前的财产进行投资所获收益，则应该认定为个人财产。

其次，确定股票是否可以转让。如果是记名的，一般而言，在进行分割的时候，则归记名一方所有；如果是无记名的股票，则可以由双方自行协商来定；如果是公司内部股份，属于限制流通股票，则只能通过现金方式进行分割。

最后，确定需要分割股票的股价。由于股票代表的权利是不确定性的，账户上的股份投入有些时候不能代表其所享有的财产权利，在处理的时候要尽快约定，免得给持有人带来操作不便，甚至导致更大的财产损失。

婚前有房产，婚后共同还贷，离婚时怎么分？

2017年，江子轩和张欣辰两人经人介绍相识，并于2018年结婚，婚后两人居住在江子轩购买的房屋中。

2022年底，由于生活中的矛盾不断增多，两人经协商一致，办理离婚。在办理离婚的时候，两人最大的争论就是所居住的房产归属。

这套140平方米的房子，由2017年购买时的180多万，涨到2022年底的300多万元，增值达120万之多。

据了解：江子轩为了购置这套 140 平方米的房产，首付 54 万元，贷款 126 万元，贷款 20 年，每月还贷 6000 元，婚后双方共同还款 4 年多。

江子轩说，这套房子是我婚前自己购买的，首付款是我和我的家人们一起支付的，跟你无关。而张欣辰则说，你的房子是贷款的，2018 年开始贷款我们共同偿还，尽管还未还清，但你也应分给我一份。

那么，江子轩婚前的房产，婚后共同还贷，离婚时怎么分？

法律规定

《民法典》第一千零八十七条：离婚时，夫妻的共同财产由双方协议处理；协议不成的，由人民法院根据财产的具体情况，按照照顾子女、女方和无过错方权益的原则判决。

《民法典婚姻家庭编的解释（一）》第七十八条：夫妻一方婚前签订不动产买卖合同，以个人财产支付首付款并在银行贷款，婚后用夫妻共同财产还贷，不动产登记于首付款支付方名下的，离婚时该不动产由双方协议处理。

依前款规定不能达成协议的，人民法院可以判决该不动产归登记一方，尚未归还的贷款为不动产登记一方的个人债务。双方婚后共同还贷支付的款项及其相对应财产增值部分，离婚时应根据《民法典》第一千零八十七条第一款规定的原则，由不动产登记一方对另一方进行补偿。

律师点评

婚前按揭、婚后共同还贷的房产，离婚时归属产权登记一方，即江子轩所有。由于该房产增值幅度很大，由其补偿张欣辰共同还贷的部分。

在生活中，很多夫妻都存在婚前单独购房、独自支付首付款、房产登记在一方名下，婚后夫妻双方共同进行还贷的现象。这类房产的性质，我们不能简单地认定为个人婚前财产或者夫妻婚后共同财产。

那么购买房屋总共支付的是：房价加上银行贷款利息，可以计算出夫妻共同还贷所占的比例，约占房价的15%。

据此，张欣辰可以获得的补偿应该是：房屋现价×15%×50%，房屋归属权归江子轩，相应的贷款由他独自承担。

普法问答

婚前购买的房产，离婚处理的时候，需要注意哪些？

第一，夫妻双方若采用约定财产制的话，那么夫妻双方的财产各自分开，若离婚的时候，则按照相关财产约定处理贷款房屋的所有权归属及补偿的问题。第二，婚前购房一方如果因某些原因导致经济状况恶化，在离婚时可能不具备偿还银行贷款的能力，另一方有此能力，为了避免房产被银行行使抵押权，也可以由另一方承担还款义务。第三，若双方当事人未进行登记结婚，只是同居关系，不能按照这个原则处理相关纠纷。第四，在处理相关房产的时候，需要特别照顾子女和无过错方的利益。第五，若离婚时，非首付款方没有住处，而另一方有负担能力的，可以保障没有实际住处一方的生存权利。

假离婚变为真离婚，
婚姻关系、财产约定怎么办呢？

1994年12月，王慧（女）与周磊（男）在上海浦东新区民政部门登记结婚，两人婚后育有一子，其子已经成年。

为了给儿子准备婚房，王慧和周磊决定将其名下的房产出售，再享受低首付贷款政策。他们听信中介推荐的方式：办理假离婚，就可以省税费。2021年11月15日，两人口头约定：上海市铂庭、金地艺华两处为王慧、

周磊共同财产，新购上海市世茂滨江花园的房产仍归双方共同所有。

2021年11月17日上午，两人来到民政部门，办理所谓的离婚手续。双方约定：铂庭、金地艺华归周磊独自所有，双方无共同财产和共同债务。于是，民政部门按照有关规定，给两人发放了离婚证。

2021年12月25日，周磊独自购买了世茂滨江花园的房屋，不动产证书登记为周磊单独所有。2022年1月初，王慧提出取消假离婚，周磊坚决反对。

那么，假离婚变为真离婚，婚姻关系、财产约定怎么办呢？

法律规定

《民法典》第一千零八十七条：离婚时，夫妻的共同财产由双方协议处理；协议不成的，由人民法院根据财产的具体情况，按照照顾子女、女方和无过错方权益的原则判决。（部分内容省略）

《中华人民共和国刑法》（以下简称《刑法》）第二百零一条：纳税人采取欺骗、隐瞒手段进行虚假纳税申报或者不申报，逃避缴纳税款数额较大并且占应纳税额百分之十以上的，处三年以下有期徒刑或者拘役，并处罚金；数额巨大并且占应纳税额百分之三十以上的，处三年以上七年以下有期徒刑，并处罚金。（部分内容省略）

律师点评

综合两处房产出售和新购置房产的时间来看，可以认定：铂庭、金地艺华属于双方共同财产，新购买的世茂滨江花园和两处房屋出售带来的盈利等同属于双方共同财产，应予分割。

王慧和周磊离婚是以逃避国家税款的方式来处置房产，这种行为显然是违法行为，应当承担相应的法律责任。如果两人逃避数额较大的话，就会受到相应的刑事处罚。

普法问答

"假戏真做"引发的法律风险有哪些？

假离婚演变为真离婚的事件中，财产分割是最常见的纠纷。第一，假离婚双方如果复婚，在复婚时，双方没有重新对财产进行约定，根据之前《离婚协议》中的内容，离婚前的夫妻共同财产则在离婚后会转化为个人财产，复婚后这部分财产也成为个人婚前财产，为今后出现纠纷埋下了隐患。第二，假离婚后，如果一方不履行离婚协议，另一方则可以向法院起诉要求其履行《离婚协议》的内容。第三，有些人以假离婚为名，对相关协议内容约定不清、分配欠公平，如约定夫妻共同财产归男方一人所有，女方自愿净身出户或者各自名下财产归各自所有，等等。殊不知，这就可能导致其中一方丧失大量的合法利益。

假离婚看似能让有些家庭从中牟利，实则潜藏危机，不仅达不到规避政策的目的，反而会损害自身的权益，最后落得人财两空的结果。

隐瞒精神疾病史的爱情，该何去何从？

2021年5月，项韵与程伟在一次青年联谊会"七分钟约会"中有缘相识，彼此互留了联系方式，并进一步交往。半年后，两人正式登记结婚，步入婚姻殿堂。

2022年5月，两人由于国庆假期安排意见不一致，程伟就大发雷霆。项韵心想：他最近怎么总是犯困？还总说没有胃口，什么都不想吃，常常情绪失控，时不时就在家胡言乱语，有时总喊着失眠，半夜会惊醒。难道最近工作压力太大了？可再一想，应该不至于，他的工作就是固定核单、盖章，也挺轻松的，不至于这样。

2022年7月，一次偶然的机会，项韵打开抽屉看到程伟的就诊病历。原来，2020年他就被诊断出双相情感障碍，这两年一直在偷偷地服药治疗。这么一来，他的种种异常似乎得到了解答。项韵认为，过去他们一家从未提过精神方面的疾病史，感到自己受到了欺骗。

项韵越想越痛苦，觉得对方深深地欺骗了自己。经过一周的深思熟虑，项韵请求人民法院撤销他们的婚姻关系。

那么，隐瞒精神疾病史的爱情，该何去何从？

法律规定

《民法典》第一千零五十三条：一方患有重大疾病的，应当在结婚登记前如实告知另一方；不如实告知的，另一方可以向人民法院请求撤销婚姻。

请求撤销婚姻的，应当自知道或者应当知道撤销事由之日起一年内提出。

律师点评

程伟故意隐瞒自己的重大病史，仍与项韵办理了结婚登记，项韵据此请求人民法院撤销双方婚姻关系，有法有据，应予支持。

程伟所患精神疾病足以影响她与程伟结婚的真实意思以及双方婚后的正常生活，据此可以认定属于《民法典》规定的"重大疾病"范畴。重大疾病包含严重的遗传性疾病、传染病、精神疾病、智力低下、脏器疾病和生殖系统疾病六大类。根据举重以明轻的原则，在办理结婚登记前，婚姻一方若知晓自身患有上述疾病，无论发病程度是否严重，均视为符合本条规定的重大疾病，患病一方均应将患病信息告知另一方。

普法问答

即将步入婚姻殿堂，我们该注意些什么呢？

为了更好地保护男女双方，国家鼓励适婚男女在结婚登记前，应当进行相关医学检查（体检）。对于一方确有相关重大疾病的，应该如实告知另一方，供其权衡考虑，毕竟婚姻不是儿戏，是关于两个家庭，甚至两个家族的大事。

如果一方确实存在重大隐瞒的情况，被人民法院撤销婚姻关系后，会导致相关婚姻关系自始无效的情形。双方同居期间的财产，由双方协商处理；如已生育子女，则按照父母与子女关系处理。这样一来，给双方甚至两个家庭、家族会带来不小的麻烦，因此，我们在婚前应该坦诚相对。

不想生孩子，配偶可以请求赔偿吗？

2022年，王莹与李泽瑞结婚3年多了，一直都没生育孩子。王莹认为，生了孩子会加速自己的衰老，还会降低自己的生活质量。再说有了孩子之后，自己的时间和精力都被孩子牵制了，会影响自己的事业。她不愿牺牲两个人的幸福去传宗接代。

对于王莹的想法，李泽瑞在恋爱之初是清楚的，但他还是被王莹的外貌和才华深深吸引了。他想：丁克就丁克吧，也许以后就改变了。在2019

年，两人领取结婚证的时候就约定：结婚后不要孩子，爱她，就要尊重她的选择。婚后，起初两个人的感情很好，王莹也始终没有改变过自己的心意。

但是，李泽瑞的父亲认为，结婚怎么能不生孩子呢？王莹这是要让咱李家断子绝孙！于是，李泽瑞和王莹因为生孩子的事矛盾不断，争吵越来越多。李泽瑞认为王莹侵犯了他的生育权，并要求她进行赔偿。王莹非常委屈地说：你当初跟我约定好的，怎么能反悔呢？

那么，面对不要生孩子的王莹，李泽瑞可以请求赔偿吗？

法律规定

《中华人民共和国妇女权益保障法》（以下简称《妇女权益保障法》）第五十一条：妇女有按照国家有关规定生育子女的权利，也有不生育的自由。（部分内容省略）

《民法典婚姻家庭编的解释（一）》第二十三条：夫以妻擅自中止妊娠侵犯其生育权为由请求损害赔偿的，人民法院不予支持；夫妻双方因是否生育发生纠纷，致使感情确已破裂，一方请求离婚的，人民法院经调解无效，应依照《民法典》第一千零七十九条第三款第五项的规定处理。

律师点评

李泽瑞无权向王莹提出赔偿的请求。

《妇女权益保障法》赋予已婚妇女生育与不生育的自由，就是为了强调妇女在生育问题上享有的独立权利，不受丈夫意志的左右。如果妻子不愿意生育，丈夫不得以其享有生育权为由强迫妻子生育。

王莹在婚前就明确表示不要生育子女，且婚后一直告知，对此李泽瑞是知道的。面对父母的指责，王莹的行为虽然可能会对夫妻感情造成伤害，但是丈夫并不能以本人享受生育权来对抗妻子享有的生育权。

普法问答

妻子不愿生孩子，丈夫可以起诉离婚吗？

男女双方均有生育权和生育自由，生育自由指的是自由而负责地决定生育子女的时间、数量和间隔的权利。自由决定是否生育的权利包括生育的自由和不生育的自由。需要注意的是：是否生育都不应当受到歧视。夫妻之间，是否生育也需要双方达成一致，一方生育权利的实现不得妨害另一方的生育权利。

繁衍后代是男女双方的共同行为，不可能依靠单方实现。因此，该权利的实现应该以双方协商为基础，两个人共同的意愿才能实现。丈夫无权强迫妻子生育，丈夫有权利提出离婚。毕竟起诉离婚也是法律赋予公民的一项权利，如果妻子不愿意生育孩子，丈夫可以向有管辖权的法院提起离婚诉讼。

夫妻双方因是否生育发生纠纷，导致感情确已破裂的，丈夫或者妻子任何一方请求离婚的，人民法院经调解无效，应当准予离婚。

给第三者转账，配偶可以要求返还吗？

2016年8月，程君和许薇在我国民政部门登记结婚，婚后育有一子。婚后许薇一直从事会计代账，工作相对自由，长期在家料理家务、照顾孩子。

2020年12月，江熹到程君所在的公司面试，程君被她的外貌、才艺迷得神魂颠倒，第二天就安排江熹成为公司前台并兼任他的助理。江熹做助理，无非是陪程君吃吃饭、聊聊天，大多数工作程君都安排其他人去做。从江熹入职以后，程君每次出差都会带着江熹，两人的感情逐渐升温，彼此心照不宣。为了让江熹开心，程君多次向她转账，为她购置物品等。

2022年1月，许薇发现了程君婚内出轨的事实，经查询得知：自2021年起，程君通过微信、银行卡等多种方式向江熹累计转账人民币15万余元。

那么，许薇可以要求返还程君给江熹的转账吗？

法律规定

《民法典》第一百五十三条：违背公序良俗的民事法律行为无效。（部分内容省略）

《民法典》第一百五十七条：民事法律行为无效、被撤销或者确定不发生效力后，行为人因该行为取得的财产，应当予以返还；不能返还或者没有必要返还的，应当折价补偿。有过错的一方应当赔偿对方由此所受到的损失；各方都有过错的，应当各自承担相应的责任。法律另有规定的，依照其规定。

《民法典》第一千零六十二条：夫妻在婚姻关系存续期间所得的下列财产，为夫妻的共同财产，归夫妻共同所有：

（一）工资、奖金、劳务报酬；

（二）生产、经营、投资的收益；

（三）知识产权的收益；

（四）继承或者受赠的财产，但是本法第一千零六十三条第三项规定的除外；

夫妻对共同财产，有平等的处理权。（部分内容省略）

律师点评

江熹取得的钱款无凭无据，许薇作为程君的配偶，当然有权要求第三者江熹返还相关财物。

程君在许薇不知情的情况下，且事后未得到其追认，多次向江熹大额转账的行为，属于单方面处置共同财产。婚姻存续期间，工资薪金等收入归夫妻共同所有，夫妻双方平等地享有所有权、处置权。程君侵犯了许薇的财产权。

此外，程君在婚姻存续期间，为了维系不当关系向江熹转账，违背夫妻忠诚的义务，违背社会公序良俗，应认定为无效行为。江熹因该行为取得的财产，应当予以返还。

普法问答

婚内向第三者大额转账，赠送贵重物品，后果由谁承担？

在婚姻存续期间，夫妻一方向第三者单方面的财物赠与行为破坏了忠诚、尊重，也违背了社会公序良俗，损害了无过错、不知情一方的感情，也侵犯了无过错、不知情一方的财产权利。婚外第三者，据此取得的财物应予返还，这也体现了法的价值：维护公平、正义。

当然，在日常生活中，如果发现了配偶在婚内向第三者赠与财产、贵重物品，甚至汽车、房产等物品，作为无过错一方，要理性对待，及时收集证据，通过法律武器维护自己的合法权益。明知在他人婚姻存续期间，作为第三者介入，既会受到道德谴责、舆论谴责，无过错的一方也有权向其主张要求返还不当得利，落得个"人财两空"的境地。

恋爱婚姻篇

借名买车，出了事故谁担责？

2022年元旦期间，李增辉与王佳薇一起去逛车展。李增辉一眼就看中一台SUV，他对王佳薇说，我们都恋爱2年了，买台车吧，以后可以来场说走就走的旅行。

说买就买，两人马上试驾，并交了定金。但接下来却遇到了麻烦：李增辉之前信用卡逾期多次，导致个人征信不佳，加之又没有考到驾照。于是，两人经商量，决定以持有驾照的王佳薇的名义买下这台车。王佳薇作为投保人为车辆购买了交通强制保险，常常将车交给没有驾驶证的男友李增辉驾驶。谁承想，刚提车还没有"满月"的一天晚上，李增辉正驾驶着

"自己的"爱车行驶在路上，突然听到巨大的响声，赶忙下车查看：原来撞到了两人，车前保险杠都断掉了。

出事之前，两人甜如蜜，可"大难临头各自飞"，李增辉与王佳薇面对撞人之后的巨额赔偿，产生了分歧。那么，借名买车，出了事故谁担责？

法律规定

《最高人民法院关于审理道路交通事故损害赔偿案件适用法律若干问题的解释》第十六条：投保义务人和侵权人不是同一人，当事人请求投保义务人和侵权人在交强险责任限额范围内承担相应责任的，人民法院应予支持。（部分内容省略）

《中华人民共和国道路交通安全法》第九十九条：有下列行为之一的，由公安机关交通管理部门处二百元以上二千元以下罚款：（一）未取得机动车驾驶证、机动车驾驶证被吊销或者机动车驾驶证被暂扣期间驾驶机动车的。

行为人有前款第二项、第四项情形之一的，可以并处吊销机动车驾驶证；有第一项、第三项、第五项至第八项情形之一的，可以并处十五日以下拘留。（部分内容省略）

《中华人民共和国刑法》第一百三十三条：违反交通运输管理法规，因而发生重大事故，致人重伤、死亡或者使公私财产遭受重大损失的，处三年以下有期徒刑或者拘役；交通运输肇事后逃逸或者有其他特别恶劣情节的，处三年以上七年以下有期徒刑；因逃逸致人死亡的，处七年以上有期徒刑。

律师点评

王佳薇作为车辆注册登记所有人，明知机动车驾驶需要持证进行，而故意把机动车辆这一具有一定危险性的特殊不动产交给无证的李增辉，显然具有重大过错。

在发生交通事故之后，作为肇事人、侵权责任人的李增辉应当承担相关侵权赔偿责任。而机动车注册所有人、投保人王佳薇的行为对造成事故有一定的过失责任，与李增辉一起构成共同侵权，应当承担连带责任。且无证驾驶若造成主要责任交通事故，重伤一人以上就构成交通肇事罪。

普法问答

借恋爱之名，行大额消费，后果知多少？

这是借名买车造成"车户分离"暗藏的诸多隐患之一。对于实际出资购车人来说，可能会出现车辆被登记所有人办理抵押、出售或被视为登记所有人的财产遭强制执行等车、钱两空的情形；对车辆登记所有人来说，实际出资购车人驾驶车辆出现违章或交通事故，登记所有人可能也要面临处罚风险或承担赔偿责任。此外，若车辆为贷款购买，当实际出资购车人不能按时还贷时，登记所有人的个人征信也会受到影响。可见，借名买车风险多，双方应当谨慎对待。

情侣间以夫妻名义，在借条上签字，要共同偿还吗？

章子轩与江宸是恋爱关系，两人同居 2 年之久。

2022 年 8 月，章子轩为了提前还清之前贷款购车的款项，与许霖签订了一份借款合同。合同约定：章子轩向许霖借款 20 万元，借款期限从 2022 年 8 月 15 日到 2023 年 2 月 15 日，到期章子轩一次性向许霖支付本金及利息，共计 22 万元。

章子轩在借款合同乙方处签字，并附上身份证复印件，江宸应许霖的要求在借款合同的乙方配偶处签字，并附上了身份证复印件。

2023年2月底，由于章子轩未如期还款，许霖找到江宸，要求其与章子轩共同还款，并称：你跟他一起借的钱，有签字为证，你们也同居这么久了，自然要一起还款。

江宸则说，钱是章子轩自己借的，签字也是你叫我写的。再者，我们并没有领取结婚证，他自己买车，也不算是借款用于共同生活，怎么能叫我还款呢？

那么，情侣间以夫妻名义，在一方借条上签字，要共同偿还吗？

法律规定

《民法典》第六百六十七条：借款合同是借款人向贷款人借款，到期返还借款并支付利息的合同。

《民法典》第一千零六十四条：夫妻双方共同签名或者夫妻一方事后追认等共同意思表示所负的债务，以及夫妻一方在婚姻关系存续期间以个人名义为家庭日常生活需要所负的债务，属于夫妻共同债务。（部分内容省略）

《最高人民法院关于审理民间借贷案件适用法律若干问题的规定》第二十条：他人在借据、收据、欠条等债权凭证或者借款合同上签名或者盖章，但是未表明其保证人身份或者承担保证责任，或者通过其他事实不能推定其为保证人，出借人请求其承担保证责任的，人民法院不予支持。

律师点评

江宸不需为章子轩偿还欠款，该借款是章子轩的个人债务。

本案中章子轩与江宸并非法定夫妻关系，章子轩的借款行为并非实际用于两人的同居生活，据此可以判断：这是属于章子轩的个人债务。

此外，恋爱双方出于维持恋爱关系而进行的相关金钱借贷行为，如果仅仅凭一纸借条是不足认定存在双方借贷合同成立的。

普法问答

同居关系中的财产关系是怎样的？

随着经济社会的不断发展，男女恋爱期间同居并不少见，需要注意的是：同居关系不等同于婚姻关系，男女同居也不构成法律上男女夫妻关系。从财产角度来看，两者也是有本质区别的。男女同居期间，以个人所有为主，部分特殊情况下才是共有关系。而夫妻关系则是以共同共有为主，特别约定为个人所有的为辅。

由于财产所有制的不同，两者在债权债务承担上也有严格的区分。同居之间的男女并无法定夫妻关系，一般来看，其中一方不需为另一方承担担保责任，即成为共同债务人。

特别需要注意的是：如果未经查实两者的婚姻关系、婚姻状况，仅仅以所谓的名义签字，一旦当事人举证两者并非法律上夫妻关系，且相关债务也未实际用于两人共同生活的，相关债务就只能由债务人一人承担。如果确实属于两人的共同借款，建议直接以自然人身份签署相关借款合同。

流产后，配偶可以提出离婚吗？

刘俊、王娅在一次"7分钟约会"上认识，彼此一见钟情，随后两人感情迅速升温。

2021年10月，两人进行了旅行结婚。正是这次旅行丰富了王娅的生活，她把一路上的风景、内心感受上传到网络，得到了很多人的关注、点赞，她成了新媒体平台的一名博主。

2022年1月，王娅有了身孕。这本是一件大喜事，可矛盾也随之而来。产检后医生发现胚胎发育不佳，两人陷入了抉择与矛盾中。刘俊说，都是

你天天日夜颠倒，整天弄视频才会这样。

　　他们去多家医院咨询就诊，对方给出的结论都是胚胎异常，胎儿可能畸形。最终，王娅在 2022 年 4 月进行人工流产手术，终止妊娠。这次流产让两人的矛盾日渐加剧，刘俊坚决反对王娅继续从事新媒体的工作，而王娅则提出：自己已经尽量兼顾工作与家庭，再说视频博主让我们的收入增加很多。我放弃的话，你来养我？

　　两人陷入冷战，刘俊越想越气，2022 年 6 月，他一纸诉状提出离婚。

　　那么，刘俊可以提出离婚吗？

法律规定

　　《民法典》第一千零八十二条：女方在怀孕期间、分娩后一年内或者终止妊娠后六个月内，男方不得提出离婚；但是，女方提出离婚或者人民法院认为确有必要受理男方离婚请求的除外。

律师点评

刘俊不可以提出离婚。

王娅 2022 年 1 月怀孕，同年 4 月做了人工流产手术终止妊娠，而刘俊在 2022 年 6 月提出离婚请求，显然不符合法律规定。

王娅此时距离终止妊娠后尚不足 2 个月。这段时间内，刘俊应该对王娅进行多一分关心、体贴、爱护，如在这段时间内提出离婚，势必对王娅造成更深的伤害。

普法问答

特殊时期，男性提出离婚，有哪些后果？

在女方怀孕期间、分娩后一年内或者终止妊娠后六个月内等时期内，男性提出离婚的，人民法院一般不会受理。特殊时期内，法律对女性是进行特别保护的。

需要注意的是：女性在哺乳期间内，男方是不得向法院起诉离婚的。可以理解为：只有女方拥有离婚的权利。

当然，在上述期间内，人民法院认为确有必要受理男方离婚请求的，也会受理。比如：一、女方怀孕系婚后与他人通奸所致；二、女方流产后，身体已恢复健康；三、男方受家庭虐待，不堪忍受的；四、女性一方对男性一方有危害生命、人身安全等情形的。

全职妈妈离婚时可以获得补偿吗？

2018 年，杨磊和赵媛经熟人介绍相识，两人一见钟情，很快就闪婚了。

2019 年 4 月份，杨磊和赵媛的双胞胎儿子杨冉、女儿杨欣出生了。杨磊经营着两家装潢材料门店，婚前赵媛自己经营着一家墙纸墙布油漆店。随着杨冉、杨欣的出生，杨磊对赵媛说，接触油漆对孩子不好，不如就让他一个人赚钱养家，她就在家做全职妈妈。

2020 年开始，赵媛就当起了全职妈妈，只是偶尔去店里看一看。可就

是这一转变，导致杨磊有机会接触门店新入职的销售唐鸿霏，楚楚动人、口才颇佳的唐鸿霏给门店带来了不错的收益。然而，就在这一年多的时间里，杨磊改变了很多很多，除了多次给唐鸿霏大额转账，更是经常借口夜不归家，与赵媛之间的矛盾也越来越多。

于是，2022年底，杨磊和赵媛闹离婚。赵媛提出：两个孩子的抚养权归自己。加之之前自己照顾孩子、料理家务，负担的义务较多，她要求杨磊从她全职在家起，按每月1万元的标准补偿，共计24万元。另提出：杨磊按照每月6000元标准支付两个孩子的抚养费等。

那么，全职妈妈赵媛离婚了，可以获得补偿吗？

法律规定

《民法典》第一千一百九十条：完全民事行为能力人对自己的行为暂时没有意识或者失去控制造成他人损害有过错的，应当承担侵权责任；没有过错的，根据行为人的经济状况对受害人适当补偿。（部分内容省略）

律师点评

在两人婚姻存续期间，赵媛为了照顾两个孩子和家庭，由一店之长转型成了全职妈妈，自然牺牲了很多。正是因为这种身份转变，给杨磊与第三者存在不当关系提供了机会。

赵媛在生育一年内，独自照顾两个孩子，又在杨磊背叛后，单方抚养一子一女，在抚育子女方面负担了较多义务。杨磊与第三者存在不正当男女关系，对夫妻感情的破裂存在重大过错，给赵媛造成了严重精神损害。相比较而言，考虑到双方婚姻存续期间的情况及结合杨磊的经济负担能力，他的经济条件比赵媛好很多，理应适当予以赵媛补偿。

普法问答

做全职妈妈有哪些风险？有哪些建议？

做全职妈妈存在以下法律风险：社保缺失，没有工作导致没有劳动收入，社保断缴缺乏社会保障，可能导致不敢生病、不敢离婚；婚姻风险，由于长期居家，可能导致与社会脱节、再就业困难，丈夫掌控家中经济，人到中年面临婚姻危机等。

全职妈妈是当前社会的产物，每一个家庭成员的付出，无论是物质支持抑或是精神扶助，都是对其他家庭成员的一种支撑。有些时候，家中老人、年幼子女需要照顾，往往就需要有人作出牺牲。通常来看，全职妈妈为家庭成员的生活提供服务和便利等方面付出更多，即将更多的精力和时间投入无偿家务劳动中。

当夫妻离异的时候，如果负担较多家庭义务的全职妈妈因自身经济能力弱或缺乏经济能力而面临权益不能得到保障的困境，则显失公平。

不配合做试管婴儿，配偶可以提出离婚吗？

2015年，汪明和唐欣辰经朋友介绍相识，双方着急结婚，大半年后迈入婚姻殿堂。婚后两人在对待工作、家庭关系，特别是生育孩子方面的分歧不断。

婚后，汪明和唐欣辰一直都没有生育自己的孩子。唐欣辰前去医院检查，诊断为不孕不育。医生建议她做试管婴儿，可是汪明以花费较高且不安全为由坚决反对。而汪明自己却相信所谓的观音送子，通过迷信手段来求子。

2021年9月，唐欣辰再次劝说汪明，可以去上海的医院接受正规的试

管婴儿辅助生育方式，圆了自己当妈妈的梦想。可汪明仍然反对，并说双方年纪都超过35岁了，既然不能自然受孕的话，那就不要生育。再说，你不生育的话，我们也省了很大一笔开支，养一个孩子要多花几十万。反正是坚决不能接受辅助生育方式。此后，汪明常常夜不归家，夫妻两人的关系逐渐疏远，导致夫妻感情破裂。

2022年12月，已经分居1年多的唐欣辰越想越痛苦：我想自己生孩子，怎么这么难呢？与其这么痛苦，不如自己单身一个人。

那么，汪明不配合做试管婴儿，唐欣辰可以离婚吗？

法律规定

《妇女权益保障法》第五十一条：妇女有按照国家有关规定生育子女的权利，也有不生育的自由。（部分内容省略）

《民法典》第一千零七十九条：人民法院审理离婚案件，应当进行调解；如果感情确已破裂，调解无效的，应当准予离婚。

有下列情形之一，调解无效的，应当准予离婚：

（四）因感情不和分居满二年；

（五）其他导致夫妻感情破裂的情形。（部分内容省略）

《民法典婚姻家庭编的解释（一）》第二十三条：夫以妻擅自中止妊娠侵犯其生育权为由请求损害赔偿的，人民法院不予支持。夫妻双方因是否生育发生纠纷，致使感情确已破裂，一方请求离婚的，人民法院经调解无效，应依照《民法典》第一千零七十九条第三款第五项规定处理。

律师点评

唐欣辰可以离婚。

唐欣辰结婚后一直强烈表示生育子女的愿望，并且多次就医治疗。在自然受孕困难的情况下，她多次劝说汪明进行试管婴儿，但是均被其以各种理由明确拒绝。

生育权是法律赋予唐欣辰的一项基本权利，由于汪明拒绝采用试管婴儿的方式生育孩子，使唐欣辰无法成为母亲。此外，到 2022 年 12 月，唐欣辰与汪明已经分居超过一年。这段时间内，汪明也没有就两人的关系进行有效的沟通与作出实质性改善的行为，以双方目前的状态而言，短时间内难以实现唐欣辰的生育需求，可以认定夫妻双方感情确已破裂，符合其他导致夫妻感情破裂的情形。

普法问答

生孩子，夫妻双方该如何决定？

生育权是法律赋予公民的一项基本权利，夫妻双方各自都享有生育权，只有夫妻双方协商一致，共同行使这一权利，生育权才能得以实现。

生孩子是人生的一件大事，也是影响夫妻二人关系的一个重要因素。生与不生孩子应当由夫妻双方共同决定。如果其中一方坚决不想生孩子或者不同意采用辅助生育手段，如试管婴儿的方式生育孩子，应当在婚前就明确表达自己的这一意愿。如果结婚后因生育问题发生矛盾，夫妻双方应当进行积极有效理性沟通，即使达不成一致意见也应做到好聚好散。

发现男友隐瞒已婚事实，该怎么办？

郑栩姗，29岁，王轩磊，31岁。2021年4月，郑栩姗在公司组织的一次拓展活动中认识了王轩磊。两人在小组活动中配合非常默契，聊得特别投缘，彼此一见钟情，有种相见恨晚的感觉。由于拓展活动结束较晚，两人就相约开房，并且发生性行为。

此后，郑栩姗、王轩磊在公司里面像情侣一样工作。两人分别在两个部门，办公室在不同楼层，王轩磊经常给郑栩姗带来惊喜。

在恋爱的时光里，郑栩姗觉得自己是最幸福的人。工作上，王轩磊会尽力帮她，使她的业绩不断攀升。过两人世界时，所有的事情王轩磊都提

前安排好。不开心的时候，王轩磊会安慰、开导郑栩姗。

2022年10月国庆之后，郑栩姗总觉得胃口不佳，恶心反胃，就让王轩磊陪她到医院检查。检查报告提示：早孕3周+。本以为有了自己的孩子，王轩磊会特别开心。谁知王轩磊却坚决要求她把孩子打掉。郑栩姗面对如此反常的他，不禁心生疑虑。

2022年11月，郑栩姗发现，王轩磊原来早已结婚，而且都有了2个孩子。就是那个说一心一意爱自己的男人，却让自己莫名做了这么久的"小三"。为此赵栩姗竟然抑郁成疾。

那么，发现王轩磊有妻子，郑栩姗该怎么办？

法律规定

《民法典》第一千一百六十五条：行为人因过错侵害他人民事权益造成损害的，应当承担侵权责任。（部分内容省略）

《民法典》第一千一百八十二条：侵害他人人身权益造成财产损失的，按照被侵权人因此受到的损失或者侵权人因此获得的利益赔偿；被侵权人因此受到的损失以及侵权人因此获得的利益难以确定，被侵权人和侵权人就赔偿数额协商不一致，向人民法院提起诉讼的，由人民法院根据实际情况确定赔偿数额。

《民法典》第一千一百八十三条：侵害自然人人身权益造成严重精神损害的，被侵权人有权请求精神损害赔偿。

因故意或者重大过失侵害自然人具有人身意义的特定物造成严重精神损害的，被侵权人有权请求精神损害赔偿。

律师点评

王轩磊应当依法承担侵权赔偿责任。

王轩磊故意隐瞒自己的已婚事实，借恋爱之名，多次与赵栩姗发生不正当关系。他理应知道，这种行为既违反道德约束又是违法行为，此事败露后，也将导致自己身败名裂。

王轩磊通过爱情赢得赵栩姗的信任，致使其怀孕后强迫其采取流产措施，侵害了赵栩姗包括健康权在内的人格权益，违背了公序良俗原则，依法应当承担侵权赔偿责任。

赵栩姗因此受到的精神伤害，王轩磊也应当依法承担赔偿责任。

普法问答

恋爱期间，发现男方有配偶或其他女友，该怎么办？

首先，果断整理好自己的物品，跟男友提出分手。如果明知道对方有配偶，还长期以夫妻关系同居生活，并且让邻居、朋友认为你们是夫妻关系的话，男方还可能构成重婚罪。

其次，对之前的钱财进行分割。如果男方多次向你借款或者有其他经济交易，一定要让对方出具相关借条等凭证，也要催促对方及时偿还钱物。如果男方借恋爱关系向你索取大额钱财，又拒绝偿还，则可能构成犯罪行为，要勇敢地拿起法律武器来保护自己。

谈恋爱时要擦亮我们的双眼，脚踏两条船、辜负了两个女人的男人，根本不值得托付自己的幸福。

注意：不能一味地被恋爱冲昏了头脑，切莫轻易"以身相许"，最终受伤的往往都是女性，不仅造成身体的伤害，还会造成金钱上的损失甚至精神上的创伤。

同居到底算什么关系呢？

刘耀栋和陆淼是高中同学，2018年6月，两人又机缘巧合申请了同一个学校。2021年6月毕业后，两人相继来到上海发展。独在异乡遇故人，陆淼也来到刘耀栋所在的销售公司工作。

2021年10月，两人确定了恋爱关系。本想着2022年5月登记结婚的，但是遭到了刘耀栋父母的强烈反对，他们认为陆淼配不上自己的儿子。双方只能瞒着家人同居生活。

刘耀栋在公司非常努力，业绩越来越好，收入自然越来越多。2022年

4月，公司在金山区设立分公司，调刘耀栋过去任副总经理，负责分公司的运营。自此之后，两人的交流变得越来越少，矛盾越来越多。其间，刘耀栋提了几次分手，但是陆淼都不同意。

2023年4月，陆淼去医院检查，发现自己早孕1月。这时刘耀栋已经搬离双方居住的房子，陆淼多次拨打他的电话，他都不接听。于是，陆淼向人民法院提出解除双方关系的诉讼请求。

那么，陆淼和刘耀栋算什么关系呢？

法律规定

《民法典婚姻家庭编的解释（一）》第三条：当事人提起诉讼仅请求解除同居关系的，人民法院不予受理，已经受理的，裁定驳回起诉。

当事人因同居期间财产分割或者子女抚养纠纷提起诉讼的，人民法院应当受理。

第七条：未依据《民法典》第一千零四十九条规定办理结婚登记而以夫妻名义共同生活的男女，提起诉讼要求离婚的，应当区别对待：

（一）1994年2月1日民政部《婚姻登记管理条例》公布实施以前，男女双方已经符合结婚实质要件的，按事实婚姻处理。

（二）1994年2月1日民政部《婚姻登记管理条例》公布实施以后，男女双方符合结婚实质要件的，人民法院应当告知其补办结婚登记。未补办结婚登记的，依据本解释第三条规定处理。

律师点评

刘耀栋和陆淼属于同居关系，人民法院不予受理陆淼的诉讼请求。

两人不符合事实婚姻的构成要件。刘耀栋和陆淼虽在一起共同居住、生活2年之久，但是一直未办理结婚登记，则不具备亲属关系，而仅仅属于同居关系。因此，双方互不承担相关亲属权利。

此外，陆淼如果同时就同居期间财产分割或者后续子女抚养纠纷提起诉讼的，人民法院可以受理。

普法问答

法律上怎么认定同居关系？

同居关系跟结婚关系完全不同。结婚关系是法律承认的夫妻关系，不可以随便解除，必须要经过一定的程序方可解除。而同居关系则是不被法律承认的关系，同居关系中的男女一方随时都可以提出分手而结束这段关系，同居关系是没有法律保障的关系。

特别需要注意的是：同居关系中，双方不构成事实配偶关系，不会随着同居时间的延长而自动转化为配偶关系。同居关系中，双方的财物一般来说，按照共同共有处理。但是，一方有证据证明是单独所有的除外。此外，同居关系中，双方均无继承关系。

频遭骚扰恐吓，该怎么办？

王巍、赵婷婷原本是夫妻关系，婚后育有一女王菁宜。

2021年2月，由于王巍的工作发生了重大变化，收入大大减少，夫妻二人争吵不断，一直吵闹着要离婚。2023年1月起，两人处于分居状态，女儿随赵婷婷生活。

但在两人分居阶段，王巍每天频繁打电话、发微信骚扰赵婷婷及其父母，要求对方支付其一笔数额不小的赔偿金。而且发的微信内容，很多都带有侮辱、恐吓的字词，如"跟踪你们""监视你们""不给我钱，就弄死

你全家""杀死你""炸你家"等。

不仅如此,王巍还常常尾随赵婷婷,甚至晚上到赵婷婷及女儿的住处敲门,吵闹。4月11日晚上,赵婷婷忍无可忍,拨打了110。警察来过之后,王巍似乎并没有改过,甚至有些变本加厉,经常深更半夜前来吵闹,还在学校门口拦着,不让赵婷婷把孩子接回去。

由于王巍不断骚扰、威胁恐吓,赵婷婷担惊受怕,精神异常紧张,总感觉身后有人跟着自己。这不仅严重影响了她的日常生活,更深深影响到了孩子的身心健康,对孩子的安全构成了极大的威胁。

那么,频遭骚扰恐吓的赵婷婷,该怎么办?

法律规定

《中华人民共和国反家庭暴力法》(以下简称《反家庭暴力法》)第二十七条:作出人身安全保护令,应当具备下列条件:

(一)有明确的被申请人;

(二)有具体的请求;

(三)有遭受家庭暴力或者面临家庭暴力现实危险的情形。

《妇女权益保障法》第二十九条:禁止以恋爱、交友为由或者在终止恋爱关系、离婚之后,纠缠、骚扰妇女,泄露、传播妇女隐私和个人信息。

妇女遭受上述侵害或者面临上述侵害现实危险的,可以向人民法院申请人身安全保护令。

律师点评

赵婷婷可以请求向人民法院申请人身安全保护令。

王巍频繁向赵婷婷及其亲属发送侮辱性、暴力性的信息，多次晚间到其住处吵闹，甚至到学校门口拦住女儿的正常放学，等等，已经对赵婷婷及其亲属的生活造成了实质性影响。由此可以认定赵婷婷正在遭受到王巍的骚扰并面临较大可能的暴力危险。

据此，人民法院应该裁定：禁止王巍骚扰、跟踪、接触、威胁、恐吓申请人赵婷婷及其相关近亲属；禁止王巍在赵婷婷的居住处所、工作单位等经常出入场所的一定范围内从事可能影响申请人正常生活、工作的活动。

如果王巍违反人民法院所作出的人身安全保护令，且情节严重的话，将依法被追究刑事责任。

普法问答

人身安全保护令是什么？

人身安全保护令指的是人民法院为了保护家庭暴力受害人及其子女和特定亲属的人身安全、确保婚姻案件诉讼程序的正常进行而作出的民事裁定。

需要注意的是：家庭暴力常见的形式有家庭成员之间以殴打、捆绑、残害、限制人身自由以及经常性谩骂、恐吓等方式实施的身体、精神等侵害行为；此外，经常性侮辱、诽谤、威胁、跟踪、骚扰等也属于家庭暴力。

以爱为名的约束不是家庭暴力的"遮羞布"，家庭暴力绝无"情有可原"。人身安全保护令可以在施暴者、受害者之间筑起一道"隔离墙"。

屡遭家庭暴力，该怎么办？

王涛和陈雯原为夫妻，2020年初，双方一起从老家来到上海务工。来到陌生的城市，又遇到疫情，两人每个月开支比在老家多了很多，每个月还要寄钱回老家，生活压力很大。双方的矛盾由此变多了，每天争吵不断。陈雯总想着过段时间就好了，又担心外人知道笑话，所以一直忍气吞声。

2021年12月底，在一次激烈的争吵之后，王涛借着酒劲开始殴打陈

雯。陈雯被打后，只是独自离家出走，躲避气急败坏的王涛。

2022年1月10日晚上，王涛找借口再次对陈雯动手，陈雯实在忍受不了提出离婚。谁料到，王涛变本加厉，拿榔头朝陈雯打去，导致其身体多处粉碎性骨折，四肢的运动能力受到一定损伤。

那么，屡遭家庭暴力的陈雯，该怎么办？

法律规定

《民法典》第一千零四十二条：禁止家庭暴力。禁止家庭成员间的虐待和遗弃。（部分内容省略）

《妇女权益保障法》第四十六条：禁止对妇女实施家庭暴力。

国家采取措施，预防和制止家庭暴力。（部分内容省略）

《反家庭暴力法》第二十三条：当事人因遭受家庭暴力或者面临家庭暴力的现实危险，向人民法院申请人身安全保护令的，人民法院应当受理。（部分内容省略）

《中华人民共和国刑法》（以下简称《刑法》）第二百三十四条：故意伤害他人身体的，处三年以下有期徒刑、拘役或者管制。

律师点评

陈雯在屡次遭遇家庭暴力之后，可以提出离婚，也可以向公安机关寻求帮助。

《反家庭暴力法》明确规定：禁止任何形式的家庭暴力。王涛和陈雯原本幸福的家庭生活，由于王涛的家庭暴力而走向破裂。在两人的婚姻存续期间，王涛假借压力等原因对陈雯实施一系列的伤害行为，已构成家庭暴力；在陈雯提出离婚后，故意将她打伤，其行为构成故意伤害罪。

普法问答

如果遭遇家庭暴力，该怎么做？

如果遭遇家庭暴力要坚决说"不！"，在实际生活中，有些女性在遭遇丈夫暴力，无论身体暴力还是精神暴力对待之后，总认为"家丑不可外扬"，不愿向周围人提及，更不敢向他人及有关部门求助，导致长期遭受家庭暴力。

遭遇家庭暴力的受害者，要勇敢地拿起法律武器来维护自己的合法权益。同时，要仔细收集相关证据，比如报警记录、就医凭证、司法鉴定等。

此外，家庭暴力受害人要从思想上转变错误认识。在遭到家暴时，及时向亲友、所在单位、公安机关等部门等反映和寻求帮助，必要时可向人民法院申请人身保护令，不可以忍气吞声，以免酿成更大的悲剧！

当然，如果我们经过一番努力，对方仍不改恶习，持续施暴、婚姻关系名存实亡时，离婚或许是一种理智的选择。要选择勇敢地走出暴力家庭，自立自强迎接新的生活！

消费观念不一致，可以离婚吗？

2015年1月，艾馨、孟郊经媒人介绍认识，两人于2015年10月国庆期间登记结婚，婚后于2016年10月生育一子艾曦。

2017年12月起，孟郊接受公司安排到云南工作。艾馨一人在上海照顾孩子。2019年10月，孟郊申请调回上海工作。但原本和和美美的一家人，却因为子女教育产生了很大分歧，导致闹得不可开交，双方吵吵闹闹要离婚。

艾馨坚持要给孩子选择贵族幼儿园，让他从小学习马术、射击、高尔夫等项目，一天6门课程排得满满当当。这么一来，不仅孩子非常辛苦，经济压力也自然很大。孟郊就提出了反对：咱们一个月收入4万，光孩子

花费就接近 2.8 万元，这样下去，我们也负担不起了啊。不如就近选择一个幼儿园，让孩子少报一点课程，我们自己多花点时间陪伴孩子。

2022 年春节之际，一家人原本在一起团聚吃年夜饭，却因为此事再次闹得不欢而散。孟郊说，你一直将咱们的财产占为己有，从不与我商量就自己给孩子报各类课程。你对我生活的支出苛刻控制，我每个月收入全交，我觉得在家中艾曦比我更重要。咱们离婚吧！

那么，艾馨与孟郊可以离婚吗？

法律规定

《民法典》第一千零七十九条：夫妻一方要求离婚的，可以由有关组织进行调解或者直接向人民法院提起离婚诉讼。

人民法院审理离婚案件，应当进行调解；如果感情确已破裂，调解无效的，应当准予离婚。

有下列情形之一，调解无效的，应当准予离婚：

（一）重婚或者与他人同居；

（二）实施家庭暴力或者虐待、遗弃家庭成员；

（三）有赌博、吸毒等恶习屡教不改；

（四）因感情不和分居满二年；

（五）其他导致夫妻感情破裂的情形。

一方被宣告失踪，另一方提起离婚诉讼的，应当准予离婚。

经人民法院判决不准离婚后，双方又分居满一年，一方再次提起离婚诉讼的，应当准予离婚。

律师点评

艾馨与孟郊不能离婚。

艾馨、孟郊夫妻感情尚好，只是由于子女教育产生纠纷。双方站在各自的出发点来看似乎都没有错，艾馨是为了给孩子预备一个更好的未来，孟郊更多考虑的是家庭的生活实际，毕竟艾馨把收入的70%都给了孩子。目前的情况尚不符合夫妻感情已破裂的要件，只要双方珍惜彼此之间的感情，各自多反思，问题是可以得到解决的。毕竟大家的出发点都是为了孩子，为了家庭更好的生活。

普法问答

说离就离，可不可取？

说离就离，当然不是理性的做法，很多时候可能是一时冲动导致的盲目行为。婚姻不仅是夫妻两个人的事情，也是两个家庭的大事。夫妻离婚不仅伤害夫妻两人，还会影响到两个家庭，如果有了孩子，对孩子也是莫大的伤害。我们对待离婚，应当持审慎的原则。其实很多家庭矛盾是由双方缺乏交流导致的，双方只要通过积极行动，很多矛盾都可以得到有效解决。

面对子女教育、购房、工作等生活中常见的矛盾点，夫妻双方应当珍惜彼此之间的感情，各自承认自身的缺点，很多时候是可以化难为易，破镜重圆，重归于好的。

离婚冷静期内，购买的汽车到底归属谁呢？

2019年4月，王栋与钱彤彤登记结婚，婚后两人一直未育。由于从事销售的钱彤彤的工作地点变动，两人分居两地，矛盾不断增多。

2022年4月，因感情破裂两人向婚姻登记机关提交离婚登记申请，之后进入为期三十天的离婚冷静期。2022年5月，双方签署离婚协议书，并且约定：钱彤彤放弃婚内一切财产，净身出户。

2022年7月，王栋向人民法院提起离婚财产纠纷诉讼，认为在2022年4月底钱彤彤购买的奔驰C200汽车应该当作婚内共同财产，并且按照离婚协议书约定归男方所有。

钱彤彤则认为，这辆车是在离婚冷静期内购置，并且全部购车款也是我向其他人借的，自然不能算入共同财产，更不能归男方所有。

那么，离婚冷静期内，钱彤彤购买的汽车到底归属谁呢？

法律规定

《民法典》第一千零六十四条：夫妻双方共同签名或者夫妻一方事后追认等共同意思表示所负的债务，以及夫妻一方在婚姻关系存续期间以个人名义为家庭日常生活需要所负的债务，属于夫妻共同债务。

夫妻一方在婚姻关系存续期间以个人名义超出家庭日常生活需要所负的债务，不属于夫妻共同债务；但是，债权人能够证明该债务用于夫妻共同生活、共同生产经营或者基于夫妻双方共同意思表示的除外。

《民法典》第一千零七十七条：自婚姻登记机关收到离婚登记申请之日起三十日内，任何一方不愿意离婚的，可以向婚姻登记机关撤回离婚登记申请。前款规定期限届满后三十日内，双方应当亲自到婚姻登记机关申请发给离婚证；未申请的，视为撤回离婚登记申请。

律师点评

在离婚冷静期内购买的汽车应当归钱彤彤所有。

首先，钱彤彤的购车资金不是来自两人婚姻存续期间的家庭收入，此外购车的目的也不是为家庭所需所用，完全是自用。其次，钱彤彤向其他人借款购车，购车所借的债务应该是属于钱彤彤个人的债务而非婚内共同债务。

故此，在离婚冷静期内，购买的汽车应当归钱彤彤所有，而不是其与王栋的婚内共同财产，更不归王栋所有。

普法问答

离婚冷静期内，夫妻一方取得的财产属于夫妻共同财产还是个人财产？

离婚冷静期内，双方还未正式办理离婚登记，在法律意义上，双方还是夫妻关系。但是双方进入离婚冷静期时，均已对可能离婚的后果有着明确的预期，该冷静期有别于双方日常婚姻存续期。

离婚冷静期内，夫妻一方取得财产的归属权，我们要分两种情况来分析：

一、如财产用家庭共有资金购买，并且购买是为了家庭日常生活所需，当然应认定为夫妻婚内共同财产；二、如财产系一方对外借款购买，购买目的也不是家庭日常生活所需，则应认定为该方个人财产，由此所形成的债务亦应认定为该方个人债务。

亲属继承篇

QINSHU
JICHENG
PIAN

丈夫投资借款，妻子一起还债？

2020年底，张璨宁（男）和高中同学陈诺签订了餐饮合作经营协议书，按照协议书约定：张璨宁和陈诺两人共同经营食品餐饮公司，张璨宁主要负责店铺经营、宣传策划、对外推广与开设分店等。陈诺主要负责原材料采购、把关食品安全、进行新品研发等。两人开始合作期间，经营得不错，短短半年间内，就先后开了3家分店。

半年间，张璨宁多次以个人名义向陈诺借款。2022年底，原定的合作

经营协议书到期终止，双方由于琐事，不再继续合作经营。于是，经过专业清算，张璨宁累计欠陈诺120万元。关于借款的相关事宜，彭子萱（张璨宁的配偶）均不知情，此外，这两年期间，张璨宁和彭子萱也未添置任何贵重物品。

那么，张璨宁的巨额借款，彭子萱需要一起还债吗？

法律规定

《民法典》第一千零六十四条：夫妻双方共同签名或者夫妻一方事后追认等共同意思表示所负的债务，以及夫妻一方在婚姻关系存续期间以个人名义为家庭日常生活需要所负的债务，属于夫妻共同债务。

夫妻一方在婚姻关系存续期间以个人名义超出家庭日常生活需要所负的债务，不属于夫妻共同债务；但是，债权人能够证明该债务用于夫妻共同生活、共同生产经营或者基于夫妻双方共同意思表示的除外。

《最高人民法院关于审理涉及夫妻债务纠纷案件适用法律有关问题的解释》第三条：夫妻一方在婚姻关系存续期间以个人名义超出家庭日常生活需要所负的债务，债权人以属于夫妻共同债务为由主张权利的，人民法院不予支持，但债权人能够证明该债务用于夫妻共同生活、共同生产经营或者基于夫妻双方共同意思表示的除外。

律师点评

彭子萱不需要一起还债。

首先，这笔 200 万的债务纠纷，是张璨宁在与陈诺合作经营食品餐饮公司期间，以个人名义向陈诺所借导致的，数额特别巨大，显然已经超出正常的家庭支出。其次，彭子萱与该食品餐饮公司并无关联，她既没有出资，也未实际经营，更没有实际控制该司。再者，这么多资金也没有证据证明是用于家庭支出或者夫妻共同生活。此外，彭子萱也没有对这笔债务签字确认。因此，彭子萱不需要一起还债。

普法问答

夫妻债务，谁来还？

这里要注意区分一个概念，即夫妻债务到底是夫妻共同债务还是夫妻一方债务。夫妻共同债务指的是债务用于家庭生活，且夫妻双方均有一致的借款意思表示（或者签字、追认）。此外，还要看相关债务有无超出日常生活需要。其他的就可以划为夫妻一方债务。

通常来讲，并不是婚姻存续期间的夫妻一方所欠债务就一定要由夫妻共同偿还，比如夫妻一方与第三人串通，虚构的债务；夫妻一方在从事赌博、吸毒等违法犯罪活动中所负的债务。这些都是由个人进行偿还。

当然，我们也要明白：只要有证据表明该笔债务用于夫妻共同生活，如购置房产、车辆等，或是生产经营，如添置设备等情形的，仍需要夫妻共同偿还。

我养你小,可谁养我老呢?

今年 70 多岁的刘奶奶,在年轻的时候,由于没有生育子女,就和丈夫老张一起收养了一个孤儿,并给这个孩子起名叫张福。之后张福的吃、穿、住、用、行全都靠刘奶奶照顾,张爷爷负责辅导张福的功课。争气的张福也没有让刘奶奶失望,考取了当地最好的高中,接着又考到上海大学。

大学毕业后,张福选择留在上海就业,在她最困难的时候,刘奶奶和张爷爷省吃俭用地给她打生活费。为了让张福没有后顾之忧,刘奶奶又给了她一笔购房首付款。

2022年11月，刘奶奶感觉自己的肚子一天天变大了，到当地医院一查：肝硬化失代偿导致的腹水，还伴有消化道出血。刘奶奶就打电话给张福，希望她可以帮忙预约一下上海的医院，进行治疗。一开始张福还愿意，可2次之后，就不管不问，甚至叫刘奶奶不要再给她添麻烦了。刘奶奶心灵上受到了极大的伤害。

那么，刘奶奶可以要求张福支付生活费吗？

法律规定

《民法典》第一千一百一十五条：养父母与成年养子女关系恶化、无法共同生活的，可以协议解除收养关系。不能达成协议的，可以向人民法院提起诉讼。

《民法典》第一千一百一十八条：收养关系解除后，经养父母抚养的成年养子女，对缺乏劳动能力又缺乏生活来源的养父母，应当给付生活费。因养子女成年后虐待、遗弃养父母而解除收养关系的，养父母可以要求养子女补偿收养期间支出的抚养费。（部分内容省略）

律师点评

刘奶奶可以要求张福支付生活费用。

对于已经形成抚养关系的成年养子女对养父母负有法定的赡养义务。刘奶奶和张爷爷在年轻的时候照顾张福,对待她像自己的女儿一般,作为其养父母,承担了张福全部收养支出。而张福作为养女,却在刘奶奶年老最需要人照顾陪伴的时候不理不睬,不闻不顾。那么,在不履行赡养义务时,张福就应当对刘奶奶的收养支出予以补偿。如今,刘奶奶生活困难,张福也应当支付一定的生活费。

普法问答

养子女不肯赡养养父母,怎么办?

养子女成年后,应该对养父母承担赡养义务。就算收养关系解除之后,经养父母抚养长大的成年养子女,对缺乏劳动能力又缺乏生活来源的养父母,仍要给付生活费。

遇到养子女不愿意赡养养父母的,养父母不必一味灰心失望,可以去向属地居委会、村委会、公安机关等部门寻求帮助。当然也可以通过司法诉讼,向人民法院起诉,要求对方履行赡养义务或强制履行赡养协议。

孝敬老人,赡养长辈,是中华民族传统美德,更是每个儿女的法定义务。我们要在全社会形成关爱老人的氛围,对于不尽赡养义务的人,要进行批评教育,使其认识错误并积极改正,让老人老有所依,健康生活。

丧偶儿媳，有继承权吗？

翟器与陈阳阳是一对中年夫妻，育有一子翟飞，一女翟蕾。

2018年，翟飞与同村的周伊诺结婚，婚后育有一子：翟朋翔。2020年，翟蕾大学毕业后留在了天津，并于2021年结婚，定居天津。

2018年5月起，翟器和翟飞一起经营着一家农产品加工厂，虽然辛苦，但是收入还是很可观的，3年实现了家庭收入翻一番。家里的大小事务就由周伊诺负责处理。

天有不测风云，人有旦夕祸福。2020年10月，一家四口在自驾游的路上遭遇车祸，翟飞当场死亡，翟器重伤入院救治，陈阳阳和周伊诺轻伤。

面对突如其来的变故，处理后事、组织生产经营、联系医院、筹集资金、照顾家人等所有的事情全部落在了周伊诺的身上。2020年12月15日，翟器因重伤未愈，又加劳累过度，意外死亡。

翟蕾与周伊诺就翟器的遗产分配进行协商。翟蕾说，我作为亲生女儿理应继承赔偿款的二分之一，你都拿了丈夫的那一份就不应该再要了。而周伊诺则认为：我从头到尾对这个家庭的付出比你多很多，我对父亲尽了主要赡养义务，怎么就不应该有我的呢？

那么，周伊诺有继承权吗？

法律规定

《民法典》第一千一百二十九条：丧偶儿媳对公婆，丧偶女婿对岳父母，尽了主要赡养义务的，作为第一顺序继承人。

《民法典》第一千一百三十条：同一顺序继承人继承遗产的份额，一般应当均等。

对生活有特殊困难又缺乏劳动能力的继承人，分配遗产时，应当予以照顾。

对被继承人尽了主要扶养义务或者与被继承人共同生活的继承人，分配遗产时，可以多分。

有扶养能力和有扶养条件的继承人，不尽扶养义务的，分配遗产时，应当不分或者少分。

继承人协商同意的，也可以不均等。

律师点评

周伊诺有继承权,且作为第一顺序继承人来继承翟器的财产。

周伊诺作为丧偶儿媳本不具备第一顺序继承人身份,因周伊诺一直同翟家人生活在一起,特别是在翟家人生病之后,全程照顾,及时筹集医疗费用,联系医生会诊。此外,还一个人全包了家里的大小事务,忙里忙外。

因此,周伊诺可以作为第一顺序继承人来继承翟器的财产,还应当在分配翟器遗产时,适当多分。

普法问答

什么是主要赡养义务,有什么标准呢?

主要赡养义务可以理解为对老年人在经济层面、精神层面、劳务层面等多个方面给予支持、照顾、陪伴。丧偶儿媳在丧偶之后,是否继续对公婆提供了必要扶助,主要体现在:一、日常生活方面,是否与公婆继续共同生活,来照顾公婆的日常起居生活;二、经济方面,是否对公婆提供必要的供养和帮助,比如公婆的医疗开支等;三、精神方面,是否从心理上具有长期、持续的陪伴。

特别需要注意:丧偶儿媳对于公婆尽了主要赡养义务,无论丧偶儿媳在丧偶之后是否再婚,也无论是否出现孙子女的代位继承,都不影响丧偶儿媳继承公婆遗产的权利。

外嫁的女儿,有继承权吗?

邹华和妻子王雪芹婚后共生养三个女儿。为了老有所依,2005 年,老两口为大女儿邹珍媛招婿刘新伟,他们婚后育有一子。

2009 年,二女儿邹珍海远嫁天津。邹珍媛与刘新伟婚后与老邹夫妇及未出嫁的妹妹邹珍琪一起生活。

2010 年前后,刘新伟看着周围不少人都去了大城市,自己也想到外地打工赚钱。可邹家父母则劝说他安安心心留在本地,宁可钱少一点,也不

能两地分居。由于观点不同,给双方带来不少矛盾。随后,老邹出资新建了3间房屋供老两口和小女儿邹珍琪居住。

2015年5月,邹珍琪也结婚了。2019年邹华去世,小女儿就定期来陪伴母亲王雪芹,二女儿则通过多给母亲生活费、多打视频、母亲生病期间一直陪伴等方式来照顾。

直到2023年初,母亲王雪芹去世,大家商议父母的遗产继承。大女儿以"远嫁出去的女儿,泼出去的水"为由,不答应分割遗产,企图全部独自占有。

那么,外嫁的邹珍海,有继承权吗?

法律规定

《民法典》第一千一百二十六条:继承权男女平等。

《民法典》第一千一百二十五条:继承人有下列行为之一的,丧失继承权:

(一)故意杀害被继承人;

(二)为争夺遗产而杀害其他继承人;

(三)遗弃被继承人,或者虐待被继承人情节严重;

(四)伪造、篡改、隐匿或者销毁遗嘱,情节严重;

(五)以欺诈、胁迫手段迫使或者妨碍被继承人设立、变更或者撤回遗嘱,情节严重。(部分内容省略)

律师点评

邹珍海有继承权。

子女对父母的遗产享有平等的继承权。不论儿子或是女儿，无论子女是否结婚或者出嫁，不管子女远嫁还是入赘，在继承父母遗产的时候，都享受平等的权利。此外，邹华和王雪芹两位老人没有立遗嘱或设定遗赠，所以其遗产全部应当按照法定继承办理，三个女儿均享有继承权。

邹珍海并没有虐待老人，也没有伪造、篡改遗嘱等行为，在其父亲去世后的3年内，一直给母亲生活费，时常发视频问候，在母亲生病期间也一直照顾母亲。据此，仅以其远嫁就剥夺其继承权的做法是错误的。

普法问答

如果女儿没有尽到扶养义务，还有继承权吗？

从法律上来说，不管儿子还是女儿，如果没尽到法定的扶养义务，都会丧失遗产继承权。

在现实生活中，有一些子女会将赡养老人跟继承老人遗产这件事进行等价交换，一旦赡养老人就要求老人必须把遗产给自己，殊不知这种想法完全是错误的。要知道，赡养老人是公民的义务，也是中华民族的传统美德，更是每个人都应具备的基本素质。

此外，子女赡养了老人，老人也可以把遗产给别人。

对老人而言，财产也不是归子女最合适，如果没有订立遗嘱或者遗赠扶养协议的话，就按照法定继承程序执行。其实，提前立好遗嘱或者遗嘱扶养协议可以更好地为老人晚年生活提供一份保障。

老人的居住权，可以登记吗？

2020年5月，高凤英的老伴姜程因病去世了。考虑到自己年事已高，高凤英想趁早把自己的财产处理好。

2020年11月，70多岁的高凤英在市区买了一套房子。她的女婿说，既然买了大房子，省得以后再办理房产过户等手续，不如就直接登记在咱们名下。大家搬到一起住，这样的话，也方便照顾老人啊。

高凤英想：毕竟就一个女儿，自己的财产迟早都是要给女儿的。现在

房子登记在你们名下也可以，但是要让我在这个房子里面住到去世。但她又害怕，过两年他们把房子卖掉，自己被赶出去。

于是，高凤英提出：咱们去办个居住权登记，这样一来，大家都安心一点。女儿和女婿则说，你就在这套房子里一直住到百年，别去办居住权登记，别人知道了多丢人啊。再说，咱们一家人也不好办理登记。对此，高凤英一直心存顾虑，好多天都睡不着。

那么，高凤英的居住权，可以登记吗？

法律规定

《民法典》第三百六十六条：居住权人有权按照合同约定，对他人的住宅享有占有、使用的用益物权，以满足生活居住的需要。

《民法典》第三百六十七条：设立居住权，当事人应当采用书面形式订立居住权合同。（部分内容省略）

《民法典》第三百六十八条：居住权无偿设立，但是当事人另有约定的除外。设立居住权的，应当向登记机构申请居住权登记。居住权自登记时设立。

律师点评

高凤英的居住权当然可以登记。

高凤英和女儿可以带齐不动产登记申请书、双方的身份证明、不动产权属证书等材料到不动产登记办理中心进行登记。高凤英和女儿是按照协议方式设立居住权的,则应该提交居住权协议及当事人间为近亲属关系的有效证明。

对于高凤英而言,仅仅签订了一个居住权合同心里还是不够踏实,此外,居住权只有经过不动产登记机构登记才能设立。

高凤英与女儿办理了居住权登记之后,就可以一直居住,直到百年。一般而言,在居住权人死亡之后,居住权消灭。

普法问答

什么是居住权?

居住权实质上是为了满足权利人为其满足生活居住的需要,按照合同约定或遗嘱,在他人享有所有权的住宅之上设立的占有、使用该住宅的权利。通俗来讲,就是实现房屋的所有权和居住权的分离,实现"房子不归我,但我却能住"的使用价值与目的。通常而言,居住权的有效期可以自行设立:5年、10年、20年乃至终身均可。

需要注意的是:居住权具有主体的特定性,不得转让、不得继承。一旦设立居住权之后,房屋可以正常出售、转让、抵押、继承,居住权人在约定的期限内,所享有的房屋居住权不会因此消失和破坏。

设立居住权目的就是更好地实现"老有所居""弱有所居",主要针对有些女性在离婚后没有住房,有些老年人晚年没有住房等情形。

非婚生子的抚养费、医疗费、教育费，要不要支付？

王小骏的妈妈在他 5 岁那一年意外车祸离世，他爸爸次年重新组建了家庭，从那之后，也不太管教他了。他一直跟爷爷奶奶生活。张小欣的遭遇和王小骏差不多。张小欣的爸爸重男轻女，她出生后没有多久，就吵着和她妈妈离婚。在张小欣 2 岁那年，两人最终协议离婚。随后，张小欣和妈妈一起生活，自小她就非常自卑。

2021 年，在一次密室逃脱中，王小骏、张小欣一见钟情，两人成为男女朋友。随后，两人开始频繁交往，有时同居。

2022 年 1 月，张小欣发现身体不适，到医院检查：早期妊娠。面对意

外怀孕，王小骏和张小欣都不知所措，张小欣坚持不愿流产。2022年11月，产下一子：辰辰。

辰辰出生后一直由张小欣的妈妈抚养，王小骏在张小欣生育之后就不闻不问，也未支付任何费用，还多次讲：我自己还是在校生，没有收入来源，怎么能抚养孩子呢？拒绝支付任何费用。

那么，王小骏要不要支付辰辰的抚养费、医疗费、教育费呢？

法律规定

《民法典》第二十六条：父母对未成年子女负有抚养、教育和保护的义务。

成年子女对父母负有赡养、扶助和保护的义务。

《民法典》第一千零五十八条：夫妻双方平等享有对未成年子女抚养、教育和保护的权利，共同承担对未成年子女抚养、教育和保护的义务。

《民法典》第一千零七十一条：非婚生子女享有与婚生子女同等的权利，任何组织或者个人不得加以危害和歧视。

不直接抚养非婚生子女的生父或者生母，应当负担未成年子女或者不能独立生活的成年子女的抚养费。

《民法典》第一千零八十五条：离婚后，子女由一方直接抚养的，另一方应当负担部分或者全部抚养费。负担费用的多少和期限的长短，由双方协议；协议不成的，由人民法院判决。

（部分内容省略）

律师点评

王小骏要支付辰辰的抚养费、医疗费、教育费等相关费用。

辰辰是王小骏和张小欣的非婚生子女，非婚生子女享有与婚生子女同等的权利。王小骏和张小欣两人非婚生育，对未成年子女负有抚养、教育和保护的义务。

辰辰出生后就一直由张小欣一方抚养，王小骏是辰辰的生父，应当支付抚养费、教育费、医疗费等费用，直到辰辰年满18周岁为止。

普法问答

法院判断孩子抚养权归属的主要依据是什么？

抚养权指的是父母对子女的一项人身权利。注意：这里的子女不仅指的是婚生子女，也包括非婚生子女、人工生育子女（人工授精和代孕）、养子女、有抚养关系的继子女等。

儿童利益最大化是处理未成年子女抚养问题的原则，此外，还需要集合父母双方抚养能力、抚养条件、孩子个人意愿、学习情况等多种因素进行综合分析。

一般而言，2周岁以下的子女由母亲直接抚养。如果母亲患有久治不愈的传染性疾病或者其他严重疾病，子女不宜与其共同生活或者母亲有抚养条件不尽抚养义务，父亲可以要求子女随其生活。

父母抚养子女的条件基本相同，双方均要求直接抚养子女，但子女单独随祖父母或者外祖父母共同生活多年，且祖父母或者外祖父母要求并且有能力照顾的，可以作为父或者母直接抚养子女的优先条件予以考虑。

注意：对于年满8周岁的子女，应该询问并尊重子女的意见。

离婚之后，抚养费可以增加吗？

2018年在一次公司团建活动中，张新晨与同公司的江新萱一见钟情，很快两人就登记结婚。2019年12月，两人育有一女张筱寰。

随着张筱寰的出生，江新萱整天想着以各种方式赚钱，直播、代购、微商、炒股甚至赌博。2020年初，她说服张新晨将名下的一套房子贷款变现，她想着每个月赚5%，一年下来，轻松获利。可谁想到，一年后非但没有赚钱，本金都亏了不少。

2021年4月，江新萱、张新晨协议离婚。江新萱心想：我要赶紧离，离了之后才能赶快寻找幸福。两人约定：孩子由江新萱抚养，张新晨每月

支付抚养费一千元，直到张筱寰 18 周岁。随后江新萱将张筱寰的名字改为江嘉妮。

2023 年，江嘉妮要去上双语幼儿园。面对高昂的学费，江新萱找到张新晨要求增加抚养费。张新晨说，当初约定好的费用，我就算现在有钱也不会给。再说，现在孩子也跟你姓了，我凭什么要给呢？

那么，江嘉妮的抚养费，可以增加吗？

法律规定

《民法典》第一千零八十五条：离婚后，子女由一方直接抚养的，另一方应当负担部分或者全部抚养费。负担费用的多少和期限的长短，由双方协议；协议不成的，由人民法院判决。

前款规定的协议或者判决，不妨碍子女在必要时向父母任何一方提出超过协议或者判决原定数额的合理要求。

《民法典婚姻家庭编司法解释（一）》第五十八条：具有下列情形之一，子女要求有负担能力的父或者母增加抚养费的，人民法院应予支持：

（一）原定抚养费数额不足以维持当地实际生活水平；

（二）因子女患病、上学，实际需要已超过原定数额；

（三）有其他正当理由应当增加。

律师点评

江嘉妮的抚养费可以增加。

虽然当初江新萱与张新晨就女儿抚养费达成一致，但是一个月一千元，综合下来显然不够付给江嘉妮的教育、生活、医疗等综合支出。虽然女儿的姓名进行了更改，但是生父母的法律关系并未因此消失。

一般而言，父母有义务在自己能力范围之内给孩子提供相对更好的教育资源、生活资源、医疗条件等。而且，张新晨目前有能力负担女儿在双语幼儿园的教育费用。

普法问答

子女的抚养费在什么条件下可以要求变更？

支付子女的抚养费，是不抚养子女的一方的责任与义务，不直接抚养的一方应当承担全部或者部分。一般而言，子女的抚养费包括生活费、教育经费、医疗费等。

变更抚养费的原则是以利于子女的健康成长为前提。一般来说，增加抚养费的情况有：原定的抚养费已不能满足子女生活开支；因就学、突发疾病等原因，一方已或即将无力全部承担。

当然，不直接抚养一方出现以下情况的时候，也可以减免抚养费：本人由于患病或者丧失劳动能力，失去经济来源，无力支付，同时，抚养子女的一方有抚养能力；因犯罪被收监，无力给付的；直接抚养子女的一方再婚后，继父母主动愿意全部或大部分承担子女抚养费用。

需要注意的是：在增加或减少抚养费的特殊情形消失时，对于增加抚养费的，可以要求恢复按原定数额支付；对于减少或免除抚养费的，应当恢复给付。

可以请求人民法院中止探望权吗？

杜润之、张子涵是大学同学，2018年4月，杜润之、张子涵登记结婚。婚后第2年育有一女：杜婉婷。

2020年4月，杜润之被公司派到广州担任分公司经理。2020年12月，张子涵意外发现杜润之有出轨现象，便提醒他要以家庭为重，不要沾染不良习气。

2021年10月，杜润之、张子涵协议离婚，双方约定：女儿由张子涵抚养，杜润之每月支付抚养费2000元，每个月可以陪杜婉婷生活2～4天，

法定假期可以多增加一定陪伴天数。

从 2021 年 11 月起，杜润之每个月除了按时转账，偶尔来接女儿出去玩一玩。但是每次回来，女儿都又哭又闹。原来每次出去，杜润之都跟女儿讲妈妈的坏话，并引导女儿不好好吃饭、不肯上学，甚至不听妈妈的管教等。

2022 年 12 月，杜润之突然带着玩具，还有两个陌生女子一起来探望杜婉婷，并提出要把杜婉婷接走。

张子涵表示不能让孩子跟她走，再说杜润之带两个女人来这里是什么意思呢？而且孩子也不愿跟他走。

杜润之则说，咱们离婚的时候，约定好的，我每个月有陪伴探望的时间，现在只不过累积起来一次性用了而已。还有，我们都离婚了，你还管我跟谁一起生活吗？

那么，杜润之可以探望女儿吗？

法律规定

《民法典》第一千零八十六条：离婚后，不直接抚养子女的父或者母，有探望子女的权利，另一方有协助的义务。

行使探望权利的方式、时间由当事人协议；协议不成的，由人民法院判决。

父或者母探望子女，不利于子女身心健康的，由人民法院依法中止探望；中止的事由消失后，应当恢复探望。

律师点评

杜润之不可以探望杜婉婷。张子涵有权请求人民法院中止杜润之的探望权。

杜润之在探望女儿杜婉婷的过程中，出现对女儿不当教育，并且自己也存在不当生活作风，这些都是不利于子女身心健康的行为。在此情形下，继续让杜润之带着女儿杜婉婷的话，势必会影响其健康成长。

需要注意的是：当出现上述情节之后，张子涵单方面作出拒绝、阻止探望的行为于情可以理解，但于法实在不妥，当事人无权中止探望权，应当请求人民法院依法中止杜润之的探望权。

普法问答

行使探望权时，我们需要注意哪些？

探望权的行使主体是离婚后，不直接抚养子女的父亲或者母亲，注意：仅限于父母，祖父母或外祖父母不涉及探望权。

在行使探望权的时候，应当以孩子利益最大化为前提原则，尽量多考虑孩子的感受，而不是单纯从大人的角度出发，要充分尊重孩子的意愿，将探望行为对孩子的影响降到最低。

值得注意的是：不得肆意滥用探望权，非直接抚养子女的一方如出现以下情况时，可以中止探望：（1）患有影响子女身体健康的疾病；（2）有赌博、吸毒等恶习；（3）拒付子女扶养教育费；（4）对子女有性侵犯或暴力行为；（5）教唆、引诱子女实施违法行为。

监护人可以变更吗?

2022年12月初,一次意外交通事故导致张欣馨大脑受损严重,经医生全力抢救,虽从死亡线上抢回了生命,但车祸导致其长期瘫痪在床,并且丧失自我生活能力,需要家人全程护理,经鉴定属于无民事行为能力人。

2023年3月,肇事者、保险公司等共同一次性赔偿张欣馨人民币300万元。面对巨额赔偿,张欣馨的父母担心女婿江文翰拿了钱就对女儿不理不睬,请求人民法院变更监护人。而江文翰坚决反对,并声称:我是她的配偶,我不同意,肯定不能改!再说,这个钱就应该归我。你们二老不要这么过分!

可是从 2022 年 12 月起，在医院承担照料和陪护重担的都是张的父母，江文翰则很少到医院。自从张欣馨出事之后，江文翰还搬出去居住，并有解除婚姻关系的想法，只是考虑到后续的巨额赔偿才一直未提。为此，张的父母没少跟女婿发生冲突，江文翰每次都以工作要加班、要出差等来推托。

那么，张欣馨的监护人可以变更吗？

法律规定

《民法典》第二十八条：无民事行为能力或者限制民事行为能力的成年人，由下列有监护能力的人按顺序担任监护人：

（一）配偶；

（二）父母、子女；

（三）其他近亲属；

（四）其他愿意担任监护人的个人或者组织，但是须经被监护人住所地的居民委员会、村民委员会或者民政部门同意。

《民法典》第三十六条：监护人有下列情形之一的，人民法院根据有关个人或者组织的申请，撤销其监护人资格，安排必要的临时监护措施，并按照最有利于被监护人的原则依法指定监护人：

（一）实施严重损害被监护人身心健康的行为；

（二）怠于履行监护职责，或者无法履行监护职责且拒绝将监护职责部分或者全部委托给他人，导致被监护人处于危困状态；

（三）实施严重侵害被监护人合法权益的其他行为。（部分内容省略）

律师点评

张欣馨的监护人可以变更。

目前来看，张欣馨在丧失民事行为能力之后，江文翰搬出去独自居住，并且在其住院后，也不履行照顾、陪伴等义务，甚至有解除当前婚姻关系的想法。

张欣馨的父母虽然年长，但是在其女儿生病住院之后，一直全天陪伴照顾女儿，实际履行了监护人的义务。而且两人也主动愿意担任其监护人。

根据利于被监护人原则，也是出于充分保护被监护人的利益，张欣馨的监护人可以变更，指定为张欣馨的父母。

普法问答

监护人的职责有哪些？

一、保护被监护人的人身健康与安全。监护人负有维护被监护人的姓名权、名誉权、生命健康权等，还有排除来自各方面的对被监护人人身权利实施侵害的义务。二、管理被监护人的财产。监护人要维护被监护人的财产权益，并对被监护人独自实施的民事行为，进行追认或撤销。此外，监护人不得处分被监护人的财产。三、监护人代理被监护人进行民事活动。

对于精神障碍患者的监护人不得对其使用家庭暴力或遗弃精神障碍患者，对精神障碍患者住院治疗享有同意权。监护人应当看护好在家居住的患者，妥善看护没有入院治疗的患者，监护人应当协助患者进行生活自理能力和社会适应能力等方面的康复训练等。

需要注意的是：如果监护人不履行监护职责或者侵害被监护人合法权益，则应当承担法律责任。

离婚时，可以不分或少分财产吗？

2017 年，张冉与李倩倩结婚，两人一起经历艰苦创业。都说走苦日子容易，一旦日子变得好了，大家难免就有些不珍惜了。两人因为生活琐事吵吵闹闹，走到了离婚的边缘，而在财产分割的时候，两人分歧很大。

李倩倩说，我把最好的年华都献给了你，如今我们离婚，公司我也不要，还是给你，财产我拿六成，你拿四成。张冉则说，你自己想想，公司谁出力更多？你还好意思拿六成？我起早贪黑，从未抱怨，你只给我四成？

2022年2月，就在两人闹离婚，起诉到法院的时候，李倩倩发现张冉变了。他竟然一周都不去公司，报了三亚豪华游；上下班或出去办事，不自己开车，要么雇个司机，要么叫专车；一天三顿也不在家吃了……

2022年4月，张冉又给他的弟弟买了一套价值200万的房产，短短3个月的时间，张冉花费竟达300余万元。李倩倩多次提醒可是无济于事，这让她愤怒不已。

那么，离婚时，张冉可以不分或少分财产吗？

法律规定

《民法典》第一千零九十二条：夫妻一方隐藏、转移、变卖、毁损、挥霍夫妻共同财产，或者伪造夫妻共同债务企图侵占另一方财产的，在离婚分割夫妻共同财产时，对该方可以少分或者不分。离婚后，另一方发现有上述行为的，可以向人民法院提起诉讼，请求再次分割夫妻共同财产。

律师点评

张冉在离婚的时候，可以少分或者不分财产。

张冉在两人产生矛盾，闹离婚的时候，性情大变，定制豪华游，雇司机叫专车，给其弟弟购置房产等，均带有主观恶意，也不符合他过去的消费习惯和生活习惯。而且这样的消费也是非必要、不太合理的，从其花费的财富来看，属于大量滥用、挥霍夫妻共有财产。而李倩倩属于无过错方，在发现后也曾提醒张冉，但是劝阻无效。

普法问答

如何理解隐藏、转移、变卖、毁损、挥霍夫妻共同财产？

隐藏财产指的是夫妻一方把共同财产藏起来，不让对方知道。转移财产指的是夫妻一方把动产转给其他人占有，把不动产过户到其他人名下。变卖财产指的是夫妻一方把本属于共同所有的财产低价出售，或者恶意串通交易，从而达到转移资产的目的。损毁财产指的是故意破坏夫妻共同财产，使其丧失或减少原本该有的价值。挥霍财产指的是非正常、非合理性、非必要性消费，从而达到让夫妻共同财务减少的目的。

这里需要注意的是：判断是否属于挥霍的时候要集合该行为的受益人等因素来考虑。比如一方在装修过程中主张买一套价值3万的全智能料理机，一方拿出5万组织全家新年出境游，这些事项的出发点是为了维护家人关系，提高生活品质，那么就不属于挥霍。

此外，对于财产的性质一定是共同财产，如果是个人所有的财产，就不存在上述情况。

事实婚姻能继承财产吗？

2019年1月，丁轩、薛鹃协议离婚，双方约定：丁汝茜由薛鹃抚养，夫妻共同财产的70%归薛鹃，30%归丁轩。夫妻名下的房产，价值200余万元的归薛鹃所有，价值100余万元的归丁轩所有。

协议离婚后，双方均未再婚，彼此仍有联系。

2020年3月，薛鹃因意外车祸住进了医院，同时诊断出患有肺部癌症中期，需要家人照顾。丁汝茜打电话给丁轩告知相关情况。

从这时起，丁轩就承担起了照顾薛鹃的事情。在他的精心照顾之下，一个半月后，薛鹃的情况相对好转。薛鹃办理了出院手续，在家继续治疗。

2021年4月，丁汝茜如愿考上理想大学的硕博连读。2021年9月，两人一起送丁汝茜到了大学。其间，两人谈及复婚登记，双方均觉得没有必要：周围人都知道咱们是夫妻，孩子都这么大了，别在乎这些形式了。

2021年10月，薛鹃在一次户外行走中突然摔倒，送医院抢救后全身瘫痪，同时癌细胞全身扩散。虽然她一直在ICU积极治疗，但是终究还是无法摆脱死亡的命运。

之后，丁轩想来继承薛鹃的财产，可丁汝茜提出，他没有权利继承财产，他们不是夫妻。

那么，薛鹃的财产和丁轩有关系吗？

法律规定

《民法典》第一千零八十三条：离婚后，男女双方自愿恢复婚姻关系的，应当到婚姻登记机关重新进行结婚登记。

律师点评

薛鹃的遗产和丁轩没有关系。丁轩、薛鹃不是夫妻关系，丁轩没有继承权。

丁轩、薛鹃两人在协议离婚后，并没有重新进行结婚登记，两人就不是法律意义上的夫妻关系。丁轩在薛鹃生病期间对她的照顾，并不能使他们自然恢复夫妻关系。

此外，双方在离婚的时候已经对财产进行了约定和处理，即使两人后来同居，也不能改变各自对于财产的归属性质。如果两人重新进行结婚登记，那么丁轩就可以作为第一顺序法定继承人继承薛鹃的遗产。否则，就不能继承薛鹃名下任何财产。

普法问答

离婚后，有意复婚不重新进行结婚登记的后果有哪些？

离婚后，未重新进行结婚登记而同居的风险主要有以下几点：

一、不享有法律所赋予的婚姻关系的权利，双方之间并无配偶权。任何一方可以随时提出终止关系，有很大的自由度，没有法律上的约束力。

二、彼此之间没有继承对方遗产的权利，没有相互扶养的义务。

三、如果仅请求解除同居关系的，人民法院是不予受理的。

特别要注意的是：同居关系当事人去民政局补办结婚登记，一定要求民政局提供《申请补办结婚登记声明书》，不然就不属于补办结婚登记，而是正常办理结婚登记。而正常办理结婚登记，婚姻关系的效力就没有追溯力，只能从正常办理结婚登记之日开始算。

未出生的遗腹子，可以保留继承份额吗？

张晗的父亲张剑灵是当地知名的商人，涉及酒店、餐饮、家装等多个领域。张晗还有一个弟弟张彦在美国从事基因研究，一个妹妹张慧在读研究生。

2021年4月，张晗与徐菲菲结婚。张晗婚前购买了一套住宅，价值300余万元。婚后，张剑灵盼着抱孙子，一直催他们赶快生个孩子，并许诺孩子一出生就给他一大笔钱。

2022年3月，张剑灵因一直恶心反胃，到医院检查，结果胃镜切片显示胃癌。之后家族公司的事情全部就交给了张晗来处理。2022年5月，张晗外出谈生意不幸遭遇车祸，经抢救无效去世，此时，徐菲菲已经怀孕6个月。

在处理完张晗的后事之后，家里人要求把张晗的遗产进行分割。

徐菲菲提出，要为肚子里的胎儿保留一份，却遭到大家的一致反对，认为她是为了多贪张家的钱财，并称孩子尚未出生，不具有民事权利能力，怎么能有继承权呢？

那么，徐菲菲的胎儿，可以保留继承份额吗？

法律规定

《民法典》第十六条：涉及遗产继承、接受赠与等胎儿利益保护的，胎儿视为具有民事权利能力。但是，胎儿娩出时为死体的，其民事权利能力自始不存在。

《民法典》第一千一百五十五条：遗产分割时，应当保留胎儿的继承份额。胎儿娩出时是死体的，保留的份额按照法定继承办理。

律师点评

徐菲菲所怀的是张晗的遗腹子，应当为其保留其父亲的遗产份额。

遗腹子指的是被继承人死亡时，尚未出生的胎儿。自然人民事权利能力始于出生，止于死亡。由于胎儿尚未出生，本不具有民事权利能力，但是，在张晗意外去世时，徐菲菲已经怀孕6个月，再过4个月左右的时间，胎儿即将来到世界，其生存必然需要一定的物质资料，因此，为了保护弱势群体，我们也应当为其预留遗产份额。

普法问答

胎儿有民事权利能力吗？

胎儿是一个"潜在的人"，基于保护胎儿的利益，我国实行预先保护主义原则，即胎儿娩出时是活体的情况下，法律视胎儿为已出生，使胎儿具有部分民事权利能力，从而享受部分权利。

涉及遗产继承、接受赠与等胎儿利益保护的，胎儿视为具有民事权利能力。这里的遗产继承，包括法定继承、遗嘱继承、遗赠。有些时候，胎儿不是法定继承人，那么被继承人也可以通过立遗嘱的方式将个人财产给予胎儿，即按照遗赠办理，胎儿取得遗产继承权。

接受赠与指的是赠与人把自己的财产赠与胎儿。胎儿自母亲怀孕之时起就应当被视为具有民事权利能力，但是胎儿出生时为死体的，其民事权利能力则自始不存在。

注意：胎儿取得部分民事权利以"娩出时为活体"为前提条件，胎儿在尚未出生前并不能行使这些权利。

不履行赠与合同约定的义务，可以撤销赠与吗？

2019年棚户区改造，王贵珍老人获得了3套房屋。她想着自己一天天老了，百年之后什么都带不走，不如早点把自己的财产处理了，免得将来给子女惹麻烦。

王贵珍老人有一子刘勇，一女刘隽。2020年2月，王贵珍和刘勇签订住房、养老协议，约定：两套房子归刘勇所有，余下一套自己居住，百年之后，子女平分。自己的赡养责任由刘勇承担。签完协议之后，刘勇就计划把这两套房子拿去出租出售。谁料，刘勇拿到房子之后，很少来探望、

照顾老人。老人常说，我身体还行，他不来也行。

2021年4月，王贵珍老人因身体不适，在家中意外摔倒，需要去医院治疗，可刘勇不肯支付医药费。无奈，王贵珍老人打算把自己住的房子出售来供自己看病。

刘隽多次提醒刘勇，你跟咱妈可是签了协议的，你要承担赡养的责任和义务啊。刘勇则说，她不是你的妈妈？凭什么要我照顾呢？

2021年6月，王贵珍老人治愈出院，住院2个月期间，刘勇只去过一次，也没有交纳任何费用。刘勇的做法让老人心寒不已，于是老人要求撤销协议，并要求刘勇归还房屋。

那么，刘勇不赡养，王贵珍可以撤销赠与吗？

法律规定

《民法典》第六百六十一条：赠与可以附义务。

赠与附义务的，受赠人应当按照约定履行义务。

《民法典》第六百六十三条：受赠人有下列情形之一的，赠与人可以撤销赠与：

（一）严重侵害赠与人或者赠与人近亲属的合法权益；

（二）对赠与人有扶养义务而不履行；

（三）不履行赠与合同约定的义务。

赠与人的撤销权，自知道或者应当知道撤销事由之日起一年内行使。

律师点评

王贵珍老人可以撤销对刘勇的赠与。

王贵珍在赠与刘勇房屋的时候，双方签订了养老协议。王贵珍老人同意把名下的两套房屋给刘勇，符合赠与的本意，同时双方也约定：刘勇应当承担相应的养老责任与义务，比如及时照顾老人、支付老人所必需的医疗费用、常常探望老人等。

据此可以认定，该协议属于附义务的赠与合同。刘勇作为受赠人，应当按照约定履行义务。而在王贵珍老人生病期间，刘勇不仅不照顾，也很少探望，甚至不支付必要的医疗费用。可见，刘勇并未承担赡养的责任。因此，当受赠人不履行赠与合同约定的义务时，赠与人可以撤销赠与。

普法问答

赠与可以撤销的情形有哪些？

赠与可以撤销常见的情形主要有以下几类：

一、任意撤销权。赠与人在赠与财产的权利转移之前可以撤销赠与。也就是说：在赠与合同成立之后，赠与财产没有实际转移之前，都可以行使该权利。如果财产尚未转移，则可以撤销赠与；如果已经完成转移，则不可以撤销赠与。

二、法定撤销权。如果发现严重侵害赠与人或者赠与人近亲属的合法权益，比如严重侵害赠与人的父母子女、配偶合法权益；对赠与人有扶养义务而不履行，比如不履行夫妻或兄弟姐妹之间的照顾义务；不履行赠与合同约定的义务，比如不按照约定赡养父母等。

三、因经济困难而撤销。赠与人的经济状况显著恶化，严重影响其生产经营或者家庭生活的，可以不再履行赠与义务。

赠出的房子，可以拿回来吗？

唐惠，今年85岁，家中的亲人已相继离世，从2019年1月起，日常生活都需要靠保姆的照顾。2019年2月，王红文来到唐惠家中做起了住家保姆。为了让保姆能够好好照顾自己，在2019年6月，唐惠就提出，你好好做，我可以把房子给你。你放心，我可以跟你签订《遗赠扶养协议》。

2019年10月，王红文与唐惠签订了《遗赠扶养协议》，双方约定：一、王红文按约保证继续悉心照顾唐惠，负责她的吃、穿、住、行、医疗等扶养义务。二、唐惠将个人名下房产在其去世后赠送给王红文。三、生

活费用由唐惠按月支付，每月人民币四千五百元，不足部分由王红文承担。四、所赠房产将在唐惠去世之前过户至王红文名下，但唐惠去世之前王红文不得自行出卖该房产。唐惠去世后，所赠房产将由王红文继承。五、若王红文违反协议，唐惠有权要求王红文支付房款或收回房产。

自 2020 年 2 月起，王红文并没有对唐惠尽心照顾，并且态度也越来越差，两人常因为琐事发生冲突。唐惠老人心里很害怕，想着让王红文赶紧走。

那么，赠给王红文的房子，可以拿回来吗？

法律规定

《民法典》第一千一百二十三条：继承开始后，按照法定继承办理；有遗嘱的，按照遗嘱继承或者遗赠办理；有遗赠扶养协议的，按照协议办理。

《民法典》第一千一百五十八条：自然人可以与继承人以外的组织或者个人签订遗赠扶养协议。按照协议，该组织或者个人承担该自然人生养死葬的义务，享有受遗赠的权利。

律师点评

唐惠赠给王红文的房子，是可以拿回来的。

《遗赠扶养协议》指的是遗赠人与受遗赠人之间的双务合同，受遗赠人积极履行扶养义务，遗赠人则将自身的合法财产遗赠给受遗赠人。如果受遗赠人没有积极按约定履行扶养义务，遗赠人有权主张解除协议。

唐惠和王红文签订《遗赠扶养协议》，此协议具有人身属性，现在唐惠老人不敢、不愿继续接受王红文的扶养。那么唐惠主张解除协议，自然是可以的。

普法问答

遗嘱的继承人与受遗赠人有哪些区别？

第一，遗嘱的继承人只能是法定继承人中的一个人或是数人，而受遗赠人则可以是国家、集体或者法定继承人以外的人。

第二，遗嘱的继承人不仅有权继承遗产，而且还要负责清偿被继承人应当缴纳的税款和债务；受遗赠人须在处理遗赠人的税款债务清偿后，才能接受遗赠的财产，如果遗产不足以清偿债务时，受遗赠人无权接受遗赠，但受遗赠人不负有清偿的责任。

第三，遗嘱的继承人可以直接参与遗产分配从而取得财产；而受遗赠人一般不直接参与遗产的分配，从遗嘱执行人或遗嘱继承人那里取得遗产。

第四，遗嘱继承人须在遗产处理前作出放弃继承的表示，不表示放弃的，视为接受；而受遗赠人应在知道受遗赠后两个月内作出接受的表示，如不表示，视为放弃接受遗赠。

生活维权篇

SHENGHUO
WEIQUAN
PIAN

老阿姨爱捡废品堆楼道,违法吗?

孙雯为了孩子每天早上可以多睡一会,满心欢喜搬到了阳光小区,可是每天上下楼却非常糟心。原来同住一层楼的王阿姨、李叔叔夫妇俩总是爱捡废品,常常把捡来的废旧书本、纸盒、塑料瓶等杂物堆放在楼道里面,让原本宽敞的楼道变得狭窄、拥挤。

孙雯门口的公共区域,也被王阿姨拿来放了鞋柜、小拖车等杂物。孙雯多次上门讲,可王阿姨说,我现在肯定不能清掉!最近废品价格不高,现在卖掉就亏了。我没地方摆,只能摆在外面了。

孙雯越想越不对，公共区域不是王阿姨、李叔叔一家的，他们在楼道堆放的废旧物已经严重影响大家的出行。再说，他们堆放的这些废纸盒子等随时都可能引发火灾等意外事件。

那么，爱捡废品堆楼道的王阿姨，违法吗？

法律规定

《民法典》第二百七十一条：业主对建筑物内的住宅、经营性用房等专有部分享有所有权，对专有部分以外的共有部分享有共有和共同管理的权利。

《中华人民共和国消防法》（以下简称《消防法》）第二十八条：任何单位、个人不得损坏、挪用或者擅自拆除、停用消防设施、器材，不得埋压、圈占、遮挡消火栓或者占用防火间距，不得占用、堵塞、封闭疏散通道、安全出口、消防车通道。人员密集场所的门窗不得设置影响逃生和灭火救援的障碍物。

律师点评

王阿姨的行为显然是违法行为。

个别业主私自将楼梯通道用于自己堆放杂物，明显是将公有化为私有来占用，这是对其他业主共有权的侵害。还有些业主将自己的废弃物放在此处，也是对己对人都不负责的行为。

在楼道堆放杂物的行为，已突破法律底线，对自己对他人都是隐患。万一发生了火情，这些杂物会造成严重后果，大部分的杂物都是极易燃烧的物品，火势一旦蔓延楼道，势必会给人员的疏散、消防救援人员的救援带来更大的阻碍。

普法问答

遇到在楼道堆放杂物的邻居，怎么办？

楼道作为小区的公共部分，属于所有业主共有，具有出行、消防通道的功能。楼道堆放杂物的业主擅自占用侵害了其他业主的合法权益。有人喜欢把快递盒、纸箱放在门口；还有些人懒得下楼，将厨余垃圾、生活垃圾等统统放在门口……如果你生活在这样的环境里，看着这些脏乱的杂物很容易影响心情。这时，你可以及时向物业、相关行政主管部门进行投诉，要求其进行处理。业主委员会作为业主的自治组织，可以要求其停止侵害，消除危险，排除妨害，赔偿损失。

厨房改厕所，楼下住户该怎么办？

2022年5月份，幸福为了让即将步入小学上一年级的孩子可以多睡会，特地买了XX实验小学对面的阳光小区。可谁知道一搬到阳光小区，闹心的事情就来了。

XX实验小学在市区黄金地段，可周边都是一些20世纪90年代的老式楼房。她家在2楼，3楼是秦轩一家。秦轩在装修的时候改变了原来户型，为了扩大客厅的空间，将原来的厨房改成了卫生间。这一改动让幸福心里

堵得慌，常常在做饭的时候能听到上面管道的排水声，时不时还有阵阵臭味传出来，别说心里有多难受了。

有一次，遇到秦轩说到此事，秦轩说：我在我们家里装修，想怎么弄就怎么弄呗，跟你没有关系。幸福越想越纳闷：装修起来，就真的无法无天了？想怎么弄，就怎么弄了？

那么，面对楼上住户把厨房改成厕所，幸福该怎么办呢？

法律规定

《民法典》第二百七十二条：业主对其建筑物专有部分享有占有、使用、收益和处分的权利。业主行使权利不得危及建筑物的安全，不得损害其他业主的合法权益。

《民法典》第二百八十八条：不动产的相邻权利人应当按照有利生产、方便生活、团结互助、公平合理的原则，正确处理相邻关系。

律师点评

幸福可以要求秦轩恢复原状。

秦轩在装修过程中存在错误，不应将卫生间设置在下层厨房的上方，这种做法不仅违反国家强制标准，也违背《民法典》所倡导的公序良俗原则，更是不利于相邻关系的和谐相处，给幸福带来了非常不好的居住体验，对幸福的生活也会造成不良影响。

如果秦轩不愿主动恢复原状，幸福可以请求住建部门的帮助，也可以直接向人民法院提起诉讼。

普法问答

在装修过程中，哪些行为是不可以的？

在新房装修、二手房翻新的过程中，我们要做的就是不给别人添麻烦，不去破坏建筑物主体结构。不能为了扩大视野，拆改房屋基础、梁、柱、楼板，变更建筑主体和承重结构；将不具备防水要求的房间、阳台等改为卫生间、厨房；在非承重外墙上开门、窗，不得随意拆改供暖管道和设施，不得拆改燃气管道和设施等。

我们一旦遇到这样的邻舍，要敢于用法律武器来维护自己的合法权益。同一个小区的邻居之间应当妥善处理好相邻关系，如果的确给邻居造成了妨碍，应当及时停止侵害、排除妨害。为了不给邻居添麻烦，在没有得到对方同意的情况下，任何一方都不得改变房屋的原始状态，以免带来不必要的损失。

原业主拖欠的物业费，该补交吗？

2021年10月中旬，彭婷通过京和中介购买了袁然位于花都府的一套住房，彭婷、袁然在京和中介签订了《房屋买卖合同》。

彭婷按协议约定付款，双方办理了不动产过户手续。彭婷10月底搬到花都府居住，可谁知道烦恼也随之而来。原来原业主袁然从2019年1月1日起，就以空房无人居住为由，一直欠缴诚信物业公司物业费。经查询，

共拖欠诚信物业公司物业费及滞纳金共计 1.5 万余元。

诚信物业公司工作人员多次跑来，要求彭婷补交原业主拖欠的物业费，扬言再不补齐的话，就要断水、断电，甚至要求她先补交再找原业主去要。彭婷提出，自己可以交 2021 年 10 月起的物业费，之前的费用自己并不应该承担。而且我都垫付了，再找袁然去要，岂不是很困难？

彭婷又通过京和中介联系到袁然，袁然表示，这段时间自己没有实际居住，当然不要交费，自己也不应该承担。

那么，原业主拖欠的物业费，彭婷该补交吗？

法律规定

《民法典》第九百四十四条：业主应当按照约定向物业服务人支付物业费。物业服务人已经按照约定和有关规定提供服务的，业主不得以未接受或者无需接受相关物业服务为由拒绝支付物业费。

业主违反约定逾期不支付物业费的，物业服务人可以催告其在合理期限内支付；合理期限届满仍不支付的，物业服务人可以提起诉讼或者申请仲裁。

物业服务人不得采取停止供电、供水、供热、供燃气等方式催交物业费。

律师点评

彭婷不应该补交原业主袁然所欠相关费用。

原业主袁然与诚信物业公司之间的服务合同未涉及后来的买房者,新业主彭婷没有义务支付袁然所欠的相关费用。两方在转让花都府房屋时涉及所遗留的欠费问题,从法律上讲,与买受人彭婷无关。因合同具有相对性,拖欠诚信物业等相关费用是原业主袁然与诚信物业两者之间的问题,不能涉及第三人。

此外,诚信物业也不能采取停止供电、供水、供热、供燃气等方式催交物业费。

普法问答

在购买二手房的时候,相关税费需要注意哪些?

在购买二手房的时候,为了避免产生原业主拖欠物业、水费、电费等相关费用而产生的纠纷,买方可以要求卖方在办理不动产过户前结清相关费用,并且在合同中明确约定:交接之前的一切费用由卖方承担,或者可以留一部分费用作为交割保证金,直到双方物业交割完成后,买方再将这部分费用支付给卖方。

此外,新业主(买方)面对企图通过断水、断电胁迫人的物业服务公司时,不要害怕,他们是无权这么做的,我们可以积极向住建部门举报,拿起法律的武器维护自己的合法权益。

遭到谩骂侮辱，该怎么办？

2022年10月23日，有业主反映，新兴家园自备井的饮用水中大肠杆菌严重超标，经自来水公司检测，接卫健委通知：暂停使用自备井的水。接下来，大家就在微信群中热烈地展开了讨论。

欧阳梓菁看到大家都在积极献计献策，就在群里说了一些自己的想法：请求相关部门介入，业主们自己出钱进行日常维护等。谁知这一说，竟惹来了麻烦。

邻居陆子轩看到欧阳梓菁发表的意见后，觉得完全不太可能实现，并且还平白增加了自己的负担，越想越气的他借着酒劲，开始在小区业主微信群（400多人）里发送语音信息："欧阳你个单身女人，跑出来出头了啊，喊完没有？""你敢要老子花钱，看我不收拾你。""就你能干，就你在这里出头。"等等，开始辱骂、攻击欧阳梓菁，前前后后达30分钟之久。

那么，在小区业主群里，遭到谩骂侮辱，该怎么办？

法律规定

《民法典》第九百九十一条：民事主体的人格权受法律保护，任何组织或者个人不得侵害。

《民法典》第九百九十五条：人格权受到侵害的，受害人有权依照本法和其他法律的规定请求行为人承担民事责任。受害人的停止侵害、排除妨碍、消除危险、消除影响、恢复名誉、赔礼道歉请求权，不适用诉讼时效的规定。

《民法典》第一千零二十四条：民事主体享有名誉权。任何组织或者个人不得以侮辱、诽谤等方式侵害他人的名誉权。（部分内容省略）

律师点评

陆子轩对欧阳梓菁的辱骂属于侵权行为，应该承担相应的侵权责任。

小区业主微信聊天群具有一定的公开与公共属性，小区业主在微信群中随意散布带有侮辱性质、污蔑性质、贬损他人的言论，属于侵害他人名誉权的行为，依法应承担侵权责任。陆子轩应当承担其侵权责任。

被侵权人欧阳梓菁可以要求其停止侵害、恢复名誉、消除影响、赔礼道歉，并根据实际情况进行赔偿损失等。

普法问答

微信群、朋友圈等社交平台可以"随意而为"吗？

现在随着网络社交平台越来越多，难免有些人利用网络来发泄个人的不满和私欲，殊不知这是违法行为。在微信群、朋友圈等社交平台上辱骂他人属于侮辱行为，相较于传统的面对面或电话、一对一语音影响范围更大，对他人造成的影响更恶劣，波及的范围更广。

若在朋友圈、微信群等社交平台发布未经核实的虚假信息、反动信息都属于违法行为。微信群、朋友圈等社交平台虽属于虚拟空间，但是不是法外之地。

如果我们遭遇在微信群、朋友圈等社交平台上被辱骂的事情，一是要注意收集证据，二是要通过正当渠道，如请求公安机关等部门，维护自己的权利。

热心施救造成伤害，要不要赔偿呢？

2022 年 11 月 27 日，辛燕像往常一样独自在利民大药房上班。

晚上 8 点左右，王奶奶前来大药房买药，辛燕按流程进行登记后，便到柜台取药。就在她转身的时候，王奶奶不知怎的，突然晕倒在地。辛燕见状急忙施救，为老人做了最基本的心肺复苏，并给王奶奶用了随身氧

气包。王奶奶逐渐苏醒过来，随后赶到的急救中心救护车将王奶奶送往医院。

可在医院进一步检查时发现，王奶奶有两根肋骨骨裂。原来，王奶奶患有严重的骨质疏松，辛燕在为其做心肺复苏的过程中导致肋骨发生骨裂。

那么，热心施救的辛燕，要不要赔偿呢？

法律规定

《民法典》第一百八十三条：因保护他人民事权益使自己受到损害的，由侵权人承担民事责任，受益人可以给予适当补偿。没有侵权人、侵权人逃逸或者无力承担民事责任，受害人请求补偿的，受益人应当给予适当补偿。

《民法典》第一百八十四条：因自愿实施紧急救助行为造成受助人损害的，救助人不承担民事责任。

律师点评

热心施救的辛燕是不需要承担责任的。

辛燕见王奶奶晕倒后,立刻为其实施心肺复苏,并及时拿来氧气包。可见,辛燕的行为并非加害于王奶奶,也正是由于辛燕的及时施救才为医院后续的抢救争取了黄金时间。

辛燕在施救的过程中对于是否会造成王奶奶肋骨骨折并不知情,或是120急救中心的人员抢救所导致的,两者难以界定。

而且辛燕的行为是我们应当大力倡导的,面对人命关天之际,有能力的人实施紧急救治,如果再让其进行赔偿,势必会大大打击其救人的初心。

普法问答

面对路边有困难的人,到底该不该伸手?

见义勇为是中华民族的传统美德。何为见义勇为?同违法犯罪行为做斗争或者以抢险、救灾、救人等方式保护国家、集体的利益和他人的人身、财产利益,复杂情形中可能发生误伤或者财产损失的情况就是见义勇为。

近年在生活中,不少人有见人摔倒到底"扶不扶"的疑问,有些人甚至先拍视频再扶。面对路边有困难的人,我们要敢于伸出手去帮助他们。虽然有见义勇为惨遭"碰瓷"的事件,但这不应成为阻碍我们行善的理由。

如今法律明确规定:见义勇为者依法不承担民事责任,如果过失造成受助人伤害,不区分轻过失或重过失,一律免责。这可从法律上杜绝"英雄流血又流泪"的现象,更体现了匡正社会风气的决心。

知假买假，可以索赔吗？

2022年12月21日，张凯馨来到凯利超市，由于她之前在超市工作，非常清楚超市物品摆放规则，很快就发现货架最下面有些商品快过期了。她一想：我赚钱的机会来了。

12月24日下午，她来到超市购买了10袋牛奶糖；12月24日晚上，又来到凯利超市，购买了50盒巧克力；2023年1月10日，再次来到超市，购买了20箱饼干。

2023年1月12日，张凯馨再次来到超市，出具了相关购物凭证，声称：所售出的牛奶糖等商品超过保质期，要求超市支付10倍赔偿。

超市负责人许宸说，你购买这么多？是知道商品有问题故意买的吧？我们不能赔你10倍，可以给你退款，不服你就去法院吧。

那么，知假买假的张凯馨，可以获得赔偿吗？

法律规定

《中华人民共和国消费者权益保护法》（以下简称《消费者权益保护法》）第二条：消费者为生活消费需要购买、使用商品或者接受服务，其权益受本法保护。（部分内容省略）

《中华人民共和国食品安全法》（以下简称《食品安全法》）第一百四十八条：生产不符合食品安全标准的食品或者经营明知是不符合食品安全标准的食品，消费者除要求赔偿损失外，还可以向生产者或者经营者要求支付价款十倍或者损失三倍的赔偿金；增加赔偿的金额不足一千元的，为一千元。但是，食品的标签、说明书存在不影响食品安全且不会对消费者造成误导的瑕疵的除外。（部分内容省略）

《最高人民法院关于审理食品药品纠纷案件适用法律若干问题的规定》第三条：因食品、药品质量问题发生纠纷，购买者向生产者、销售者主张权利，生产者、销售者以购买者明知食品、药品存在质量问题而仍然购买为由而进行抗辩的，人民法院不予支持。

律师点评

张凯馨不能获得 10 倍赔偿。

张凯馨在购买之前曾来到凯利超市进行打探，对于超市商品，自己应该有明确判断和识别能力的。她明知该商品临期，购买后很快就会过期，仍要继续大量购买，其行为具有明显的牟利目的，已经不属于正常的消费范围。

消费者权益保护的立法目的是维护消费者的合法权益，净化消费市场，而张凯馨的行为显然背离立法维护消费者合法权益的初心，并且与诚实信用基本原则也相违背。

普法问答

知假买假、职业打假有哪些危害？如果真的买到假货，怎么要求赔偿？

在普通消费领域，消费者可以获得惩罚赔偿的前提是经营者存在欺诈行为。而在职业打假人中不存在主观上受到欺诈的行为，他们不是为了净化消费市场，而是为了利用惩罚来牟取暴利。可见，这种行为严重违背诚信原则，无视司法权威，浪费司法资源，我们不支持这种以恶惩恶、饮鸩止渴的治理模式。

如果买到假货，第一，要保留证据，对所购买的商品进行拍照、录像，保留商品鉴定凭证，截图、录屏与商家沟通内容。第二，与商家协商退换货。这里需要注意：要非常清楚地说明商家给自己所发的是假货。第三，要求商家赔偿，可依法要求商家赔偿购买商品价款的 3 倍或不足 500 元的赔偿 500 元。第四，向消费者协会进行投诉，可以通过电话、邮件等方式向经营所在地 12315 和消协维权组织进行投诉。第五，向人民法院提起诉讼。

赠品电饭煲着火，可以得到赔偿吗？

2023年4月，李霞在添置全屋家电的时候发现自己想购买的一款冰箱正在举办特惠活动，冰箱、洗衣机、烘干机一次性下单，就赠送一个电饭煲、一个四件套、一个挂烫机。限时抢购，还可以额外返600元现金。

李霞越想越划算，这样一来，也省得再花时间去选购其他产品了。于是她果断付款，不久就收到了三大件和一系列赠品。

这天，李霞打算动手做一顿饭。谁料到，电饭煲插上电不久，就发生了短路火灾，导致李霞经济损失3000多元。

李霞拿着电饭煲到质量检测中心鉴定，结果得知该电饭煲存在严重质量问题，为不合格产品。李霞立即与电商商家联系。电商表示：赠品质量不在三包范围之内，赠品使用后果由自己承担。

那么，着火的电饭煲，李霞可以获得赔偿吗？

法律规定

《民法典》第六百六十二条：赠与的财产有瑕疵的，赠与人不承担责任。附义务的赠与，赠与的财产有瑕疵的，赠与人在附义务的限度内承担与出卖人相同的责任。赠与人故意不告知瑕疵或者保证无瑕疵，造成受赠人损失的，应当承担赔偿责任。

《消费者权益保护法》第二十四条：经营者提供的商品或者服务不符合质量要求的，消费者可以依照国家规定、当事人约定退货，或者要求经营者履行更换、修理等义务。没有国家规定和当事人约定的，消费者可以自收到商品之日起七日内退货；七日后符合法定解除合同条件的，消费者可以及时退货，不符合法定解除合同条件的，可以要求经营者履行更换、修理等义务。（部分内容省略）

《最高人民法院关于审理网络消费纠纷案件适用法律若干问题的规定（一）》第八条：电子商务经营者在促销活动中提供的奖品、赠品或者消费者换购的商品给消费者造成损害，消费者主张电子商务经营者承担赔偿责任，电子商务经营者以奖品、赠品属于免费提供或者商品属于换购为由主张免责的，人民法院不予支持。

律师点评

李霞当然可以进行索赔。

李霞购买了三大件,电饭煲是电商承诺赠送的。电商商户作为卖方,有义务提供符合质量要求的货物。电商以赠品使用后果由消费者自行承担显然是不对的。通常来说,只有消费达到一定金额的时候,才能获得相应的赠品。送电饭煲、挂烫机等赠品在该买卖行为中是影响李霞等消费者购买意向的重要因素之一。

电饭煲也是属于销售者提供的商品,由于质量问题导致短路着火,给李霞带来一定的损失,李霞当然可以要求其进行赔偿。

普法问答

赠送的商品存在质量问题时,消费者能否要求退还或者赔偿呢?

对于商家而言,即使是附赠品,也应当提供具备合格标准的商品,不能提供三无产品,更不得提供过期产品。事实上,商家用于促销的赠品大多也计入销售成本中。

我们需要注意一个概念:免费不等于免责,赠品作为经营者提供的产品,同样受相关法律法规的约束。当赠品不符合法定要求或发生质量问题时,电商经营者应根据标的性质和消费者损失大小,承担修理、重做、更换、退款退货、赔偿损失等违约责任。

刚买了 10 天的宠物，死了谁来赔呢？

2022 年 5 月 10 日，江湛在萌奈宠物店花费 2800 元购买了一只心仪已久的宠物犬泰迪。回家后，江湛对其悉心照顾，可第二天，宠物犬泰迪就开始拉肚子。江湛想：是不是自己不太会照顾出现了问题？于是赶忙打电话咨询萌奈宠物店。店员告诉他，应该给泰迪保暖，然后到附近药店买些止泻药、益生菌，还特别嘱咐他要先喂止泻药，再喂益生菌。

江湛照做了，又过两天，泰迪一点都没见好转，还出现了萎靡不振，

整日耷拉着耳朵趴在窝里一动不动，喂药也不肯吃。于是，江湛带着它来到了宠物医院，经检查后确诊是犬瘟热强阳性、犬细小病毒性肠炎。

5月20日，刚买回来10天的宠物犬泰迪死亡了，江湛要求萌奈宠物店退一赔三，承担治疗费用。

那么，江湛要求宠物店赔偿的要求合理吗？

法律规定

《民法典》第六百一十条：因标的物不符合质量要求，致使不能实现合同目的的，买受人可以拒绝接受标的物或者解除合同。买受人拒绝接受标的物或者解除合同的，标的物毁损、灭失的风险由出卖人承担。

《消费者权益保护法》第五十五条：经营者提供商品或者服务有欺诈行为的，应当按照消费者的要求增加赔偿其受到的损失，增加赔偿的金额为消费者购买商品的价款或者接受服务的费用的三倍；增加赔偿的金额不足五百元的，为五百元。法律另有规定的，依照其规定。

经营者明知商品或者服务存在缺陷，仍然向消费者提供，造成消费者或者其他受害人死亡或者健康严重损害的，受害人有权要求经营者依照本法第四十九条、第五十一条等法律规定赔偿损失，并有权要求所受损失二倍以下的惩罚性赔偿。

律师点评

江湛要求宠物店退一赔三有法律依据。

作为专业的宠物店，应当为消费者提供健康的宠物，同时提供相关检疫凭证、疫苗接种凭证等。江湛在购买宠物犬出现不适后，第一时间联系宠物店，又按照其提供的方法进行自行处置。结合病毒的潜伏期，可以得知：该宠物犬泰迪在出售前就已经处于患病状态，然而宠物店在出售时故意隐瞒这一重大瑕疵，明显有悖诚信原则，据此构成欺诈行为。

普法问答

在生活中进行宠物交易的时候，需要注意哪些呢？

近年来，随着不断升温的宠物热，一些地方宠物消费市场伴生了不少乱象。

作为消费者在购买宠物时，应当选择有资质、信誉好的专营店，同时在购买的时候一定要店家出具相关检疫和疫苗凭据，并保留好相关购物凭证。

作为宠物店在出售宠物时，也应当对其进行必要的体检，为消费者提供健康的宠物是最基本的义务。如果明知有疾病还作为健康宠物出售，消费者可以要求按照法律规定退一赔三。

学历提升保过，真能保过吗？

90 后的王雪婷一直苦于学历不够，在职场中屡屡受挫，盼望能够有个本科学历。

一天，王雪婷突然看到一则广告：新起点培训公司，"全程无忧"，本科、研究生包过提升培训。她激动不已，第二天就跑去和新起点培训公司签订《辅导协议》。协议约定：王雪婷自愿参加该司组织的 XXXX 大学工商管理专业的本科课程学习，学习周期 12—24 个月，并约定保证王雪婷在

2021年12月31日前取得国家承认的全日制毕业证和学位证，保证相关学历信息在学信网永久可查。于是，王雪婷向其支付了5.98万元。

过了一个月，王雪婷并未接受该司的相关培训，也没有收到相关大学的录取通知书。王雪婷向该司询问后得知：所有内容，均不需本人参加，属于保录保过保毕业。

那么，学历提升保过，真能保过吗？

法律规定

《民法典》第一百四十三条：具备下列条件的民事法律行为有效：

（一）行为人具有相应的民事行为能力；

（二）意思表示真实；

（三）不违反法律、行政法规的强制性规定，不违背公序良俗。

《民法典》第一百五十三条：违反法律、行政法规的强制性规定的民事法律行为无效。但是，该强制性规定不导致该民事法律行为无效的除外。

违背公序良俗的民事法律行为无效。

《民法典》第一百五十五条：无效的或者被撤销的民事法律行为自始没有法律约束力。

《中华人民共和国教育法》（以下简称《教育法》）第二十一条：国家实行国家教育考试制度。

国家教育考试由国务院教育行政部门确定种类，并由国家批准的实施教育考试的机构承办。

律师点评

学历提升保过，未必真能保过。

我国全日制统招，毕业证、学位证是必须要经过国家组织的全国统一高考、研究生考试后，在国家批准设立的高校内参加学习并参加相关考试后，并由主管部门审核通过后，方可发放的文凭。新起点培训公司保证王雪婷可以取得全日制毕业证、学位证，显然违背我国现行的教育考试制度。违反国家法律法规强制规定、违背公序良俗的法律行为均视为无效。

王雪婷与新起点培训公司签订的合同内容违背了公序良俗原则，破坏了教育公平原则，侵害了社会公共利益。因此，这份学历保录保过保毕业的三保合同应当属于无效合同，无效的民事法律行为自始没有法律约束力。

普法问答

提升学历，能不能走捷径？

想提升学历，是值得肯定、值得鼓励的行为，但是我们要选择正道，靠真才实学取得文凭，不能靠走捷径的方式来获取学历，一味地奉行"金钱至上"，认为培训机构有办法让自己只要交钱就能获得全日制文凭，到头只会害了自己，耽搁了自己。

教育教学服务作为一种特殊的服务，由于其提供的是无形的商品，有些培训机构就趁机夸大宣传，不乏保过、保录，一线名师，甚至鼓吹出题名师等，极易对消费者造成误导。因此，消费者在选择相关课程、服务的时候，一定要看清楚相关约定，以免日后产生纠纷。

孩子买的手机，可以退吗？

薛雯独自带着儿子张轩生活，张轩 10 岁，上 3 年级，薛雯平时对他非常严格，严禁他使用手机，也不许他跟外人多接触。

6 月 10 日中午，她回来取资料，碰巧发现儿子张轩在玩手机，仔细一看，还是一部全新手机。她越想越不对，平时不让他使用手机，怎么会突然有了手机呢？

张轩说，手机是找同学江欣借的。后来，薛雯多次询问才知道，原来

张轩是偷偷拿了家里的钱跑去买的手机。

薛雯喜欢在家里放一些现金，以备不时之需。两个人在家，地方也不算很大，孩子知道钱放在哪里。6月1日儿童节下午，张轩跑到学校附近的手机店买了一部1000元的手机。

薛雯想：孩子还这么小，自己跑去买手机，商家怎么可以卖呢？商家却说，你要我回收的话，需要扣除400元，只退600元。

那么，张轩自己买的手机，可以全价退回吗？

法律规定

《民法典》第十九条：八周岁以上的未成年人为限制民事行为能力人，实施民事法律行为由其法定代理人代理或者经其法定代理人同意、追认；但是，可以独立实施纯获利益的民事法律行为或者与其年龄、智力相适应的民事法律行为。

《民法典》第三十四条：监护人的职责是代理被监护人实施民事法律行为，保护被监护人的人身权利、财产权利以及其他合法权益等。

监护人不履行监护职责或者侵害被监护人合法权益的，应当承担法律责任。（部分内容省略）

《民法典》第一百四十五条：限制民事行为能力人实施的纯获利益的民事法律行为或者与其年龄、智力、精神健康状况相适应的民事法律行为有效；实施的其他民事法律行为经法定代理人同意或者追认后有效。

律师点评

张轩买的手机是可以全款退回的。

张轩是一名10岁的孩子，属于未成年人中的限制民事行为能力人，根据法律规定，可以独立实施纯获利益或者与其年龄、智力相适应的民事法律行为。对于张轩购买手机而支付的款项，显然已经超出与其年龄、智力相适应的范围，法定代理人薛雯当然可以追回。

张轩属于限制民事行为能力人，他在商家购买手机的行为，须经其法定代理人薛雯的同意或追认后，方可有效。可薛雯不同意，那么张轩购买手机的行为视为无效，商家理应全额退还购机款。

普法问答

面对未成年人的大额消费，商家应该怎么做？

未成年人属于无民事行为能力人和限制民事行为能力人，只能购买一些和他的年龄、智力相适应且金额不高的商品，如：学习用品、小零食等。

对于未成年人的大额消费，商家与经营者应当是第一责任人，应严格遵守有关法律法规，诚信经营，自觉主动地承担起关爱未成年人的社会责任。商家与经营者在面对未成年人消费时，一定要进行必要分辨，不能唯利是图，坚决杜绝向未成年人出售烟、酒等商品。

需要注意：如果商家与经营者没有进行主动询问，没有能做到尽职尽责，在遇到相关纠纷的时候，极有可能因存在过失而承担相应的责任。一旦确认未成年人的购买行为无效，商家与经营者需要退还所支付的货款，同时取回所销售的商品，由此产生的损失将由商家与经营者自行承担。

"免费领养"宠物变"强卖",违法吗?

一心想要一只柯基犬的许琳,每次路过楼下的辰辰宠物店都会跑进去看看柯基犬售卖情况。2022年12月的一天,许琳又来到辰辰宠物店,店主江辰告诉她:我们店有一批急需救助的宠物,正在寻找有爱心的人进行领养,有一只就是柯基。你要不要?

于是,许琳和辰辰宠物店签订了一份宠物领养协议,约定:2023年1

月 1 日—2023 年 6 月 30 日许琳免费领养该店提供的柯基犬，领养期间许琳需每月在店中为狗狗购买指定的生活用品、狗粮，以便确定狗狗仍在许琳女士处，否则视为丢弃。若许琳虐待、弃养，则宠物店有权收取违约金。

领养一个月后，店主江辰以狗狗年纪小，去了新家容易拉肚子为由，要求许琳购买羊奶粉、益生菌，再加上消毒水等杂七杂八费用，一共 800 余元。

许琳去星星宠物店看了看，结果让她大吃一惊：同样的商品，两个店的价格竟然相差 2 倍之多。许琳购买后，及时告知辰辰宠物店店主。许琳想：我是出于善意领养宠物，而店主却以宠物健康为由强迫其进行高额消费，牟取暴利。

那么，"免费领养"宠物变"强卖"，违法吗？

法律规定

《民法典》第六百五十七条：赠与合同是赠与人将自己的财产无偿给予受赠人，受赠人表示接受赠与的合同。

《消费者权益保护法》第五十五条：经营者提供商品或者服务有欺诈行为的，应当按照消费者的要求增加赔偿其受到的损失，增加赔偿的金额为消费者购买商品的价款或者接受服务的费用的三倍；增加赔偿的金额不足五百元的，为五百元。（部分内容省略）

律师点评

"免费领养"宠物变"强卖",显然是违法行为。

辰辰宠物店将柯基犬交由许琳来领养,许琳并未支付对应的款项,实质上是赠与合同关系。许琳依合同约定履行对柯基犬负有的饲养义务。既然是赠与合同,将柯基犬交付则视为完成。

起初,许琳严格按照约定向辰辰宠物店购买柯基犬的饲料及相关生活用品,但后期由于购买价格、购买方式上产生重大分歧,许琳便自行选择其他商家,并且许琳在自行采购相关商品后,也及时将相关信息发送给辰辰宠物店,也认认真真、尽职尽责地保护柯基犬的健康成长,并未违背双方所订立的案涉合同所附义务条款的初衷。

普法问答

领养宠物,需要注意哪些?

"免费领养宠物"是一种流行于网络的新型诈骗手段。首先,在看到免费领养的信息时,一定要格外小心,要仔细甄别,切忌同情心泛滥就盲目轻信对方。其次,领养宠物的时候,最好进行同城交易,谨慎选择异地或者快递交付。第三,与宠物店签订完善的领养合同,要对领养宠物的健康状态、后续饲料购置、纠纷处理等内容进行详细约定。第四,建议大家要保留好相关聊天记录、转账记录等。

"领养宠物"出发点是给流浪宠物们找个温暖的家,如果爱心被欺骗,背离诚信,会让爱宠人士心寒。相关网络平台应该加强信息审核,一旦发现不良商家,要及时处理并向有关部门举报相关信息。

轻信微信群友，亏的钱谁来承担？

孙妍通过微信朋友圈广告，添加了一个股票交流群，里面有一个叫许俊的人，自称是某证券分析老师，每天晚上8点准时线上直播讲解分析，并且会对第二天的大盘给出预测，时常还给大家私信1—2只股票。孙妍发现，许俊推荐的股票都能大涨几天，但她自己只敢少量买，少量获利。

2月1日上午，孙妍突然收到许俊发来的一则信息：开设独家私密课程，每日推荐一股，5天内收益不少于50%，名额有限。她一想：这可是

个好机会，我只要把握住了，就可以实现自己的财富自由。之前的股票我也跟了，至少都是10%—20%的收益。她越想越激动，于是就询问如何加入。

"私密课程，实质就是我带你进行操作，然后你只要把你收益的20%给我们。"就这么简单，孙妍越想越觉得不能错过。于是，她按照"老师"的要求，下载了一款名为"做市系统"内部炒股APP，并先后将证券账号、密码等信息告知了对方，并按照对方的要求在该平台开通信用账号。10天之内，孙妍先后多次增加投资，累计近100万元。

2月25日，孙妍打开平台一看，账号余额竟然为140余万元，于是按照"老师"的要求支付了20余万的收益分成。但当她想进行提现的时候，却发现账户已被冻结。她才恍然大悟：自己可能被骗了。

那么，轻信许俊，孙妍亏的钱谁来承担？

法律规定

《刑法》第二百六十六条：诈骗公私财物，数额较大的，处三年以下有期徒刑、拘役或者管制，并处或者单处罚金；数额巨大或者有其他严重情节的，处三年以上十年以下有期徒刑，并处罚金；数额特别巨大或者有其他特别严重情节的，处十年以上有期徒刑或者无期徒刑，并处罚金或者没收财产。本法另有规定的，依照规定。

律师点评

许俊的行为属于诈骗,孙妍轻信所谓的"老师"指导才陷入陷阱之中。

许俊从主观上来看完全是出于故意,以非法占有孙妍财产为目的。同时,许俊实施了欺骗行为,虚构了其能够短期快速致富、短期炒股高额回报等事项。就是在这个陷阱中,孙妍越陷越深,多次向非法交易平台转账,被许俊等人人为更改金额后,再次向其大额转账汇款,导致深受其害。

孙妍的亏损只能由自己承担,她需要为她的贪心付出代价。当然公安收缴账款后,会退还她的。

普法问答

我们该如何防止自己落入投资诈骗陷阱呢?

不要随意添加陌生人微信,一般来说,提到"投资理财""稳赚不赔"等都不要理。如果发现被拉进理财投资群时,要及时退群,注意甄别,并及时向公安部门举报。不要下载来路不明的应用程序,更不要盲目使用非官方平台进行炒股、炒期货等金融产品。记住:无论是港股、美股、彩票、数字货币、外汇、期货还是贵金属,凡是声称稳赢包赚的都是诈骗。

万一被骗,及时寻求公安机关的帮助,以减少损失。至于被骗后的损失,案件侦破后,赃款被全部或部分追回,公安机关及时收缴后会退还被害人。如果赃款被全部挥霍,公安机关无法追回的,就要被害人自己承担全部损失了。

健身会所跑路了，充值卡怎么办？

2023年4月，江莹所在公司楼下新开了一家瑜伽会馆，在会馆销售人员的强烈推荐下，她花了15000元办理了一张初始贵宾卡，签订了《会员会籍管理服务协议书》。

刚开始，江莹每周去三五次，体验感非常好，教练也非常认真负责。一个月下来，她的体重虽然没有太大变化，但身体的柔韧性更好了，江莹

心里非常开心。一天，教练跟她说：再帮个忙吧，这个月我的业绩还差点，你再充点钱，好吧？

江莹想着，反正都要用的，于是又充了5000元。

可一周之后，江莹准备前往瑜伽会馆的时候，却发现店门紧闭，随后多次去会馆都未开门。她多次联系教练，要求退款。教练告诉她，可以换个地方上课。江莹表示，新的地点太远了，不行。

那么，江莹充值卡未使用的钱，怎么办？

法律规定

《民法典》第五百六十三条：有下列情形之一的，当事人可以解除合同：（二）在履行期限届满前，当事人一方明确表示或者以自己的行为表明不履行主要债务。（部分内容省略）

《民法典》第五百六十六条：合同解除后，尚未履行的，终止履行；已经履行的，根据履行情况和合同性质，当事人可以请求恢复原状或者采取其他补救措施，并有权请求赔偿损失。（部分内容省略）

《消费者权益保护法》第五十三条：经营者以预收款方式提供商品或者服务的，应当按照约定提供。未按照约定提供的，应当按照消费者的要求履行约定或者退回预付款；并应当承担预付款的利息、消费者必须支付的合理费用。

律师点评

瑜伽会馆应当退还江莹储值卡中未使用的余额。

江莹与瑜伽会馆所签订的《会员会籍管理服务协议书》系双方真实意思表示，未违反法律、行政法规的强制性规定，合法有效。两者之间是基于合同所形成的服务关系。

由于会馆停业导致江莹不能继续使用，虽教练提供了新的健身场所，但由于江莹未予同意，该公司的行为构成违约。其违约行为致使双方之间合同目的无法实现，江莹要求解除合同的诉讼请求符合法律规定，应予以支持。

合同解除后，尚未履行的部分，终止履行，相关未发生的费用应当由瑜伽会馆退还给江莹。

普法问答

健身会所、健身房"跑路"了，消费者怎么办？

当遇到健身会所、健身房"跑路"的时候，我们可以先与经营者协商，当然很多时候协商可能无济于事。我们可以去消协投诉、向工商行政管理部门投诉，还可以根据与经营者所签订的服务协议书（合同）进行仲裁或者向人民法院提起诉讼。

消费者无论采取哪种维权措施，都要注意搜集证据，包括跟健身会所、健身房签订的服务合同，健身卡，付款凭据，发票等，同时我们应当采取理性的方式进行维权。

我们要注意：对于有些不良商家，在关店前一两个月内疯狂恶意地销售会员卡，故意隐瞒相关的行为，可以按照《消费者权益保护法》中的欺诈去处理。

酒店充值的余额，能不能退？

2022年6月，为了迎接升学宴季，紫金大酒店推出夏季促销活动：充值5000送2000，充值10000送5000，充值20000送12000。卢紫涵想着儿子升学、女儿十岁，到时候肯定要办酒席，不如趁这个机会充值办卡，真的非常划算。

2022年6月18日，卢紫涵充了一万元，充值过程中没有签订任何书面合同，经查询该充值卡余额是15000元。

2022年7月15日，卢紫涵在紫金大酒店消费8000元，充值卡显示余额7000元。

2022年8月初，卢紫涵来到酒店预订10月1日国庆期间女儿的十岁生日宴，定好场地之后，便通知了亲朋好友。

2022年8月10日，酒店通知她：由于酒店装修改造，不能举办超过5桌以上的宴会，具体恢复时间待定。卢紫涵提出：这样的话，就应该把充值卡的余额退给我，我重新去其他酒店预订。但是酒店方提出：你可以等恢复营业后再来消费，退款则拒绝了。

那么，卢紫涵充值的余额，能不能退？

法律规定

《民法典》第五百六十三条：有下列情形之一的，当事人可以解除合同：

（二）在履行期限届满前，当事人一方明确表示或者以自己的行为表明不履行主要债务。（部分内容省略）

《民法典》第五百六十六条：合同解除后，尚未履行的，终止履行；已经履行的，根据履行情况和合同性质，当事人可以请求恢复原状或者采取其他补救措施，并有权请求赔偿损失。

律师点评

卢紫涵的余额是可以退，可以取的。

卢紫涵与紫金大酒店之间所达成的合同，对双方都是具有法律约束力的，卢紫涵通过参加酒店的消费充值活动并在酒店实际消费，与紫金大酒店建立了服务合同关系。

酒店方应当按照合同提供相应的服务。但是目前由于酒店方的原因导致无法继续为其提供服务，这就使得卢紫涵的合同的初衷无法实现，因此，卢紫涵可以行使法定解除权。

为了遵循公平原则，赠送金额与充值金额应按比例同步消费，赠送金额亦应按照实际消费比例相应退还。所以，应该按照前合同约定的优惠方案扣除已经消费的部分，这样双方的合法权益都能得到公平合理的保护。

普法问答

对于预付类消费，我们需要注意什么？

在进行预付类消费之时，要注意签订相关书面合同，并且要对赠送金额部分如何扣费、合同解除时消费金额如何计算等问题进行约定。

目前，我们针对预付式消费的立法尚为空白，建议消费者在付款前要三思，切忌盲目被商家的促销或者折扣冲昏头脑，不要一次支付大金额，以免商家卷款。此外，我们可以选择证照齐全、诚信示范单位，并且签订书面合同。还要警惕不公平条款，尤其注意期限、违约责任以及有关退款的规定。注意甄别"合同中约定不得退款"等霸王说辞，也不要轻信促销人员的口头约定。

记住：当自己的合法权益受到侵犯时，要立刻向有关部门投诉或者通过诉讼维权。

健身体验变"伤身",该找谁赔?

2022年11月,晓雅陪同闺密杨若曦去健身私教俱乐部健身。王教练看到晓雅,几句询问,便告知晓雅目前存在的不足,并说可以先行体验一下,暂且不要报课。

晓雅看到杨若曦在两个月不到的时间,体重由58公斤降到了51公斤,体脂率明显降低,身材好看多了,一想:体验一下也挺好的。于是就答应了王教练。

王教练带着晓雅进行训练,用力按压其背部、腰部,晓雅明显感到不

适，甚至疼痛。她告诉王教练，王教练说没事的，刚开始都是这样的。你忍一下就好了。

又过了一会，晓雅实在疼痛难忍，便自己停了下来。王教练说，你可能缺乏运动，不要担心，稍微休息一下就好了。

当天晚上，晓雅疼了一夜，吃了两颗止疼药都没有缓解。她来到医院就诊，经拍摄X片，医学诊断为骨折。

那么，晓雅的健身体验"伤身"，该找谁赔？

法律规定

《民法典》第一千一百六十六条：行为人造成他人民事权益损害，不论行为人有无过错，法律规定应当承担侵权责任的，依照其规定。

《民法典》第一千一百七十九条：侵害他人造成人身损害的，应当赔偿医疗费、护理费、交通费、营养费、住院伙食补助费等为治疗和康复支出的合理费用，以及因误工减少的收入。造成残疾的，还应当赔偿辅助器具费和残疾赔偿金；造成死亡的，还应当赔偿丧葬费和死亡赔偿金。

《民法典》第一千一百九十一条：用人单位的工作人员因执行工作任务造成他人损害的，由用人单位承担侵权责任。用人单位承担侵权责任后，可以向有故意或者重大过失的工作人员追偿。（部分内容省略）

律师点评

晓雅的受伤，应当由健身私教俱乐部承担赔偿责任。

健身王教练用力按压晓雅的背部导致晓雅骨折，作为专业的健身私教人士，对于晓雅进行健身体验课程的时候，并没有尽到合理的注意义务，相应的按压显然超出了晓雅身体可以承受的范围，产生了晓雅身体损害的实际后果，主观上也存在一定的过错，故王教练对晓雅构成侵权。王教练是健身私教俱乐部的工作人员，其在工作时间、工作场所内因为自己的过失导致晓雅受伤的行为，应当由健身私教俱乐部承担责任。

需要注意的是：健身私教俱乐部承担侵权责任后，可以向有故意或重大过失的工作人员进行追偿。

普法问答

健身过程中有哪些注意事项？

健身时，我们要根据自己的实际情况选择适合自己的运动方式和运动强度，否则只会让健身成为"伤身"。

在选择健身会所或私教的时候，一定要注意甄别，不能盲目轻信销售的推介。要注意自己身材越好的私教越懂健身，如果自己都很一般，怎么来指导他人进行训练呢？也不要盲目轻信所谓的证书，如《世界××××专业教练证书》《美国××××资深教练员》等。并且消费时要注意保留相关凭据，以使日后产生纠纷时有凭证。

而健身教练应充分了解学员的健身目的、身体状况、运动史、疾病史等信息，并且有针对性地对学员的健身活动进行讲解、指导并及时调整，不能一味地求快，达到速成。

在健身会所被偷窥，该怎么办？

　　周彩俪外貌十分出众，她平时也非常注重健康，每周四次雷打不动来到健身会所锻炼。

　　2023年3月10日，她照例又来到健身会所。一番酣畅淋漓的运动过后，结束时已是晚上10点多，健身会所的人也不多了。周彩俪想着简单冲洗一下，换个衣服就回去。

　　孰料，周彩俪进入女浴室后不久，就发现有个人一直尾随自己。于是她越发小心，但总感觉那个人在拍视频，当即吓得大叫起来，随后赶紧大

声求救。见被发现，偷窥偷拍的人逃跑了。

周彩俪匆匆忙忙穿好衣服，来到前台向服务人员反映此事。服务人员当机立断报警处理。

经过调阅监控，发现该男子也是健身会所会员，此前就多次关注周彩俪，只是一直没有机会接近她，今天看到她一个人，就趁机尾随。

那么，在健身会所被偷窥，周彩俪该怎么办？

法律规定

《民法典》第一千零三十二条：自然人享有隐私权。任何组织或者个人不得以刺探、侵扰、泄露、公开等方式侵害他人的隐私权。（部分内容省略）

《民法典》第一千一百六十五条：行为人因过错侵害他人民事权益造成损害的，应当承担侵权责任。

依照法律规定推定行为人有过错，其不能证明自己没有过错的，应当承担侵权责任。

《民法典》第一千一百六十六条：行为人造成他人民事权益损害，不论行为人有无过错，法律规定应当承担侵权责任的，依照其规定。

《民法典》第一千一百八十三条：侵害自然人人身权益造成严重精神损害的，被侵权人有权请求精神损害赔偿。（部分内容省略）

律师点评

周彩俪在健身会所被偷窥的遭遇，可以找健身会所进行赔偿。

健身会所本身可以尽到保障顾客人身安全的义务，却没能及时制止事情的发生，则需要对自己的不负责任承担相应的责任。此外，在该健身会所被偷拍偷窥，一定会对当事人周彩俪造成一定的心理阴影，因此，需要对其进行精神损害赔偿。

普法问答

女性在容易被偷窥和偷拍的场所，需要注意什么？发现被偷拍，怎么办？

女性对保护自己隐私是非常有必要的，我们不要给不法分子有可乘之机。比如在更衣室，要多多留意地板、墙壁、衣架、衣柜等地方，也不要对同伴降低警惕性，有些同伴会趁机会拍一些图片、视频。酒店入住前，可以仔细检查一下插座孔、烟雾报警器等，以免被偷拍。搭乘楼梯电梯上下时，可侧身站立、收拢双腿、捂紧裙子，并留意有没有人偷拍。在地铁公交上为防止被偷拍，远离向裙底下方移动的物体，坐时收拢双腿、捂紧裙子。

一旦发现偷拍行为，不管有没有拍到，我们都应该保存证据、及时报警！

偷拍属于一种侵权行为，我们应当要求偷拍者停止拍摄，并删除所拍摄的内容。如果情节严重的话，可以对侵权人提起诉讼。如果相关的拍摄行为影响到社会治理、社会秩序，公安部门可以对偷拍者进行处理。

承诺的减肥竟增肥，该怎么办？

　　王微是职业游戏选手，由于长期久坐，缺乏运动，导致身材走样。她天天想着瘦身、减肥，看着朋友圈"不运动，不节食，轻松瘦身，价格美丽"的减肥宣传，立即被吸引。

　　2022年12月12日，王微主动找到微信好友庄莹莹，向其咨询所推销的快速瘦身减肥产品。庄莹莹向她推荐了一款每天服用3支的神奇口服液，信誓旦旦地保证：一个月下来轻松瘦10斤不成问题。王微购买了5盒一个月的量，通过微信向其支付了1800元。

　　收到产品的王微，立刻按照要求认真服用起来。刚服用一周她就觉得

有点心慌、恶心、腹泻，庄莹莹告诉她，是产品在发挥作用了，你要坚持吃1个疗程就可以看到明显变化。于是，王微又买了5盒，并继续支付了1800元钱。

继续服用的王微身体不适的症状并没有减轻，腹泻症状开始加重，已经影响到她正常工作。此外，她还出现了头痛、失眠的症状，体重竟然不减反增加了10斤，这付出的代价也太大了。后来经过医学检测，王微所服用的瘦身口服液含有违禁成分。

那么，网购速效瘦身口服液，谁来赔？

法律规定

《消费者权益保护法》第四十九条：经营者提供商品或者服务，造成消费者或者其他受害人人身伤害的，应当赔偿医疗费、护理费、交通费等为治疗和康复支出的合理费用，以及因误工减少的收入。（部分内容省略）

《消费者权益保护法》第五十五条：经营者提供商品或者服务有欺诈行为的，应当按照消费者的要求增加赔偿其受到的损失，增加赔偿的金额为消费者购买商品的价款或者接受服务的费用的三倍；增加赔偿的金额不足五百元的，为五百元。法律另有规定的，依照其规定。（部分内容省略）

《食品安全法》第一百四十八条：消费者因不符合食品安全标准的食品受到损害的，可以向经营者要求赔偿损失，也可以向生产者要求赔偿损失。（部分内容省略）

律师点评

王微可以要求庄莹莹进行赔偿并支付惩罚性赔偿金。

王微与庄莹莹构成买卖合同关系，据此，庄莹莹应当为其提供符合产品要求和法律法规的商品。

但庄莹莹不仅夸大瘦身产品的效果，而且其中还含违禁药物成分，明显不符合食品安全标准，因此，可以要求庄莹莹进行惩罚性赔偿。

普法问答

爱美的路上，我们需要注意什么呢？

爱美之心，人皆有之。我们在选择服务和产品之前，要对机构和产品进行详细了解，特别是口服的产品，一定要看看有没有批准文号，是否套用相关批准文号。

瘦身应当坚持运动、合理饮食才是王道。减肥药要在医师的指导下进行科学服用，通过网络购买的来路不明的减肥产品，其中很有可能添加大量对人体有害成分。

切记：不要因为低价或听信推销而选择无证无照无资格的三无医美医院或产品。如果自身权益受到侵害，一定要保存好相关合同、支付凭证等，要敢于拿起法律武器来维护自己的权益。

托人找关系入学未办成，退不退钱？

罗萱为自己的两个孩子上学真是伤透了脑筋。儿子平时的成绩离第一中学重点高中还有点距离；女儿马上就要上初中，按照自己的不动产划片只能上三流初中。一心要让儿子女儿上好学校的罗萱到处托人打听办法。

2022年5月下旬在一次饭局上，罗萱通过朋友介绍，认识了在"教育部门"工作的魏琪。魏琪说，她有办法，但是两个孩子一共需要花费20万元。随后，罗萱分3次给魏琪共支付了15万元，余款5万元待事情全部办成之后再一次性支付。

2022年6月，罗萱儿子的中考成绩出来了，和第一中学差了19分。她赶忙给魏琪打电话，魏琪让她不要着急，等全部招生批次结束她才能办理，并要求她支付10万元调档费用。

2022年7月，罗萱收到儿子被第六高级中学录取的通知书，女儿也没能如愿进入外国语学校初中部，而进了家门口的初中。罗萱找到魏琪要求其退还30万元，魏琪辩称：我已经花了近10万，只能退20万元。

那么，罗萱托人找关系入学未办成，退不退钱？

法律规定

《民法典》第一百五十三条：违反法律、行政法规的强制性规定的民事法律行为无效。但是，该强制性规定不导致该民事法律行为无效的除外。（部分内容省略）

《民法典》第一百五十七条：民事法律行为无效、被撤销或者确定不发生效力后，行为人因该行为取得的财产，应当予以返还；不能返还或者没有必要返还的，应当折价补偿。有过错的一方应当赔偿对方由此所受到的损失；各方都有过错的，应当各自承担相应的责任。法律另有规定的，依照其规定。

《刑法》第三百八十八条：国家工作人员利用本人职权或者地位形成的便利条件，通过其他国家工作人员职务上的行为，为请托人谋取不正当利益，索取请托人财物或者收受请托人财物的，以受贿论处。

《刑法》第三百八十九条：为谋取不正当利益，给予国家工作人员以财物的，是行贿罪。（部分内容省略）

律师点评

魏琪应当退还罗萱 30 万元。

罗萱与魏琪之间约定：将成绩不够重点高中分数线的儿子送进重点高中，将女儿跨区安排进一类初中，这是属于违反国家招生规范的行为，破坏了教育公平，也违背相关招考规定和相关政策。自称在"教育部门"工作的魏琪以解决此事为由而收取罗萱相关费用，双方之间的民事行为因违反法律、法规及国家禁止性规定而无效。

合同无效后，因该合同取得的财产应当予以返还，不能返还或没有必要返还的，应当折价补偿。魏琪收取的费用属于不当得利，应当将取得的 30 万元费用返还给罗萱。

要特别注意：如果罗萱明知魏琪是国家机关工作人员，仍以违规入学为由向其给予财物的话，则可能构成犯罪行为。而魏琪如果真是国家机关工人，仍以违规入学收取罗萱的相关费用，则可能构成受贿罪。

普法问答

"托关系、走后门"真的能让孩子顺利入学吗？

每年升学季，有些不法分子就通过托关系、走后门等一系列不正当方式来破坏教育公平及招生公平。我们要知道，现在的招生录取工作是由多部门共同监督完成的。这种行为不仅耽误孩子的入学时间，也破坏了社会公共利益，助长了社会不正之风，影响社会道德风尚及社会秩序。

所以父母们要及时查看学校的招生公告和相关要求，可以通过当地教育部门询问相关政策，通过合法合规的途径让孩子入学。切莫轻信一些不法分子的"走后门""托关系""递条子"等方式，到头来只会耽误了孩子，损失了经济。

整容变"毁容",该找谁索赔?

李若茜看着周围有些原本只做美容的朋友,纷纷增加了美甲、文身、美睫等项目,收益颇为丰厚。于是,她在尚未取得医师资格证书、医师执业证书的情况下,在靓彩美容中心开设了瘦脸、隆胸、局部抽脂等美容微整形项目。

2022年3月15日，高雯来到靓彩美容中心，禁不住推销人员的花言巧语，签约做4个项目：美甲、美睫、瘦脸、局部抽脂手术，共计花费近5万元。3月18日，李若茜作为主治医生为其进行了上述微整手术。

3月20日，高雯出现了脸部发红、肿胀，腹部有不明液体渗透的现象。高雯找到靓彩美容中心，李若茜建议她实在不放心的话，就到第一人民医院就诊。为此，靓彩美容中心支付高雯医药费、治疗费共计2000元，后面情况好转。

2022年4月15日，按照约定，高雯来到靓彩美容进行第二次瘦脸及抽脂手术。不料第3天，高雯前额肿胀不已，右眉上出现青紫、瘀斑，伴有胀痛麻木感。经第一人民医院诊断：脸部玻尿酸注射后栓塞，于是紧急对其进行溶栓、抗炎处理，以及玻尿酸溶解溶栓手术。

高雯共支付医疗费近8万元，靓彩美容及李若茜不肯支付上述费用。

整容变"毁容"，高雯该找谁索赔？

法律规定

《民法典》第一千一百六十五条：行为人因过错侵害他人民事权益造成损害的，应当承担侵权责任。（部分内容省略）

《民法典》第一千一百七十三条：被侵权人对同一损害的发生或者扩大有过错的，可以减轻侵权人的责任。

律师点评

高雯可以要求靓彩美容及李若茜承担赔偿责任。

李若茜在未取得医师资格证书、医师执业证书的情况下，擅自给高雯注射玻尿酸，并造成损害，存在重大过错，应当对高雯受到的伤害承担赔偿责任。

但是，高雯作为成年人，在接受美容手术前，特别是进行美睫、瘦脸、局部抽脂等手术，应当充分了解靓彩美容及李若茜是否有从事相关医疗美容项目的资质及行医资格。对于手术造成的损害后果，高雯也有一定过错。

据此，按照《民法典》，高雯可以要求靓彩美容及李若茜承担至少80%的赔偿责任。

普法问答

如何选择靠谱医美机构？

爱美人士在做医美项目之前，要对机构和操作人员的口碑、资质进行了解，尽量选择证照齐全、口碑良好的正规医美医院。

第一，看机构名称。一般而言，正规的医美机构都会标明：××医美医院、××医美诊所、××医美门诊部等。对于只标示英文或者美容中心的，最好直接放弃。

第二，看医疗资质。如果你去的医美机构正规，那么就一定能找到相关的医疗资质和能够从事的项目。如果没有整形外科或者医疗美容科、麻醉科，直接从事丰胸手术的话，一定不能做，这可能会导致严重后果。

第三，千万不要轻信广告、贪小便宜。最好选择公立三甲医院整形美容科去做医美项目。如果自身权益受到侵害，一定要保存好合同、转账记录和录音等证据，用法律来维权。

小区加装电梯遭一楼住户阻止，怎么办？

刘薇母亲刘奶奶居住在老小区的5楼，楼高7层，每层有2户业主，年轻的时候爬爬楼还行，现在年老了，每次上下楼都觉得很是费力，不太方便。刘薇多次劝说母亲搬离这里，母亲总说，这边离医院近，走路过个马路就到了，下楼就是菜市场；再说左右都是老街坊，搬到你那边去，什么都不适应。

2022年4月，刘奶奶听了女儿建议牵头在老小区里面加装电梯。经本单元的业主讨论后，除了一楼的两户业主不同意之外，其他12户业主都签字同意出资加装电梯。这12家住户中，有4位80岁左右的老人、一位瘫

痪的中风病人，为方便家中老人出行及照顾病人，他们就该单元楼加装电梯事宜达成一致。

刘奶奶所在单元 12 户业主都在多层住宅增设电梯协议书上签了字，增设电梯的规划设计与施工方案也进行了公示，住建部门也对他们增设电梯的具体方案进行了行政审批。在公示期间，一楼两位业主也提出了明确异议。

2022 年 10 月底，电梯加装工程开始施工，但是一楼的两位业主及其家属却在现场阻碍，导致已经到场的挖机等只得停工。

那么，刘奶奶所在小区加装电梯遭一楼住户阻止，该怎么办？

法律规定

《民法典》第二百七十八条：下列事项由业主共同决定：

（八）改变共有部分的用途或者利用共有部分从事经营活动。

业主共同决定事项，应当由专有部分面积占比三分之二以上的业主且人数占比三分之二以上的业主参与表决。决定前款第六项至第八项规定的事项，应当经参与表决专有部分面积四分之三以上的业主且参与表决人数四分之三以上的业主同意。决定前款其他事项，应当经参与表决专有部分面积过半数的业主且参与表决人数过半数的业主同意。（部分内容省略）

《民法典》第二百八十八条：不动产的相邻权利人应当按照有利生产、方便生活、团结互助、公平合理的原则，正确处理相邻关系。

律师点评

一楼业主应当立即排除妨碍，不得影响本单元电梯加装工程。

加装电梯的单元楼共计 14 户业主，已经过人数和专有部分面积占比均达到七分之六的 12 户业主表决同意，符合前述法定表决比例，故该表决合法有效。并且 12 户业主依法办理了加建电梯的审批和备案手续，增设电梯手续合法。

刘奶奶所在的老旧小区之前未安装电梯，高楼层的老年住户出行多有不便，特别是年纪较大、腿脚不便、瘫痪的老人。刘奶奶牵头为老邻居们提供出行方便，提高居住质量而请求增设电梯具有合理性、正当性。一楼的业主应当积极妥善处理相邻关系，不得对业主组织的加装电梯行为再进行阻工等妨碍。

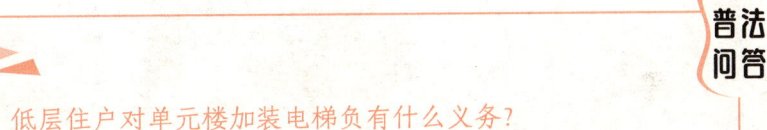

普法问答

低层住户对单元楼加装电梯负有什么义务？

低层住户对单元楼加装电梯负有适度容忍的义务。容忍义务是相邻关系的核心，崇德修睦、包容互让是构建和谐邻里关系的重要条件。低层住户应本着方便生活、团结互助、公平合理的原则妥善处理相关事宜，并给予必要的配合。

老旧小区加装电梯，是党中央、国务院为了顺应我国老龄化趋势而作出的重大决策部署，是一项重要的民生工程，对于改善包括老年人、残疾人在内的老旧小区居民居住条件具有重要意义。

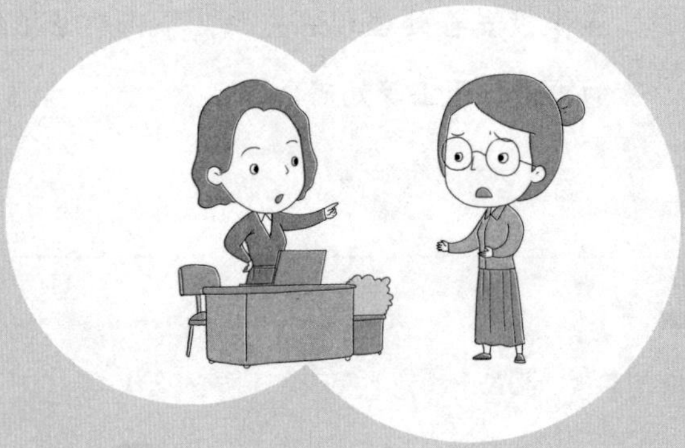

劳动社交篇

LAODONG
SHEJIAO
PIAN

工作地点擅自变更，是否可以获得补偿？

2020年2月，郝麦和卓越健身俱乐部有限公司（以下简称：卓越健身）签订五年固定期限劳动合同。合同约定：郝麦工作地点为卓越健身一店，每天工作时间是7小时。

随着市场的发展，卓越健身在新楼盘密集区周边开设多家分店，由于经营需要，卓越健身在2022年3月10日向郝麦发布了调岗通知书：3天内郝麦的工作地点由一店调至新开的三店，由于新店刚开，工作时间为每天不少于9小时。除此之外，薪资等都没有提及。

郝麦接到这则通知当然不同意，一店这边有一批固定的会员，这样走了是一笔损失。而且由三店到现在的住处，通勤时间至少要多花1小时。郝麦当时就表示不同意，公司未予回复。3月11日，郝麦又向卓越健身提出请假，公司仍未予回复。

3月14日，卓越健身通知郝麦，要求其按照合同约定到三店上班，否则10天内将有权辞退她。3月25日，卓越健身向郝麦发送了解除劳动合同通知书。

那么，卓越健身的做法是否违法，郝麦是否可以获得补偿？

法律规定

《劳动合同法》第三十九条：劳动者有下列情形之一的，用人单位可以解除劳动合同：（二）严重违反用人单位的规章制度的。（部分内容省略）

《劳动合同法》第四十条：有下列情形之一的，用人单位提前三十日以书面形式通知劳动者本人或者额外支付劳动者一个月工资后，可以解除劳动合同：

（三）劳动合同订立时所依据的客观情况发生重大变化，致使劳动合同无法履行，经用人单位与劳动者协商，未能就变更劳动合同内容达成协议的。（部分内容省略）

律师点评

卓越健身显然已经违法，郝麦可以依法获得相应的补偿。

双方原本约定，工作地点为一店。现由一店变更至新开的三店，并且工作时间也做了相应的调整，据此来看，已经超越企业用工自主权而进行的合理调岗行为。

卓越健身和郝麦所签订的劳动合同中主要条款发生了变更，导致原合同已经无法继续履行。在此情形之下，用人单位卓越健身与郝麦协商并未达成一致，在郝麦并无实质性过错的情况下，就以此解除合同，显然是过错方。

普法问答

公司调离岗位，如果本人不同意怎么办？

遇到公司调岗本人不同意的情形，一般而言公司无权擅自调岗。需要注意的是，用人单位调整劳动者工作岗位，同时符合以下情形的，可以视为用人单位依法行使自主权：调岗基于生产经营的需要；因劳动者能力、态度等因素导致；调岗后未降低劳动者薪资待遇；调岗未变相延迟劳动时间或提高劳动强度。

一般来讲，用人单位强行调岗，劳动者有提出拒绝的权利。用人单位调岗必须要有充分的合理性，并且调整前后的岗位应当具有一定关联性。

此外，用人单位调岗应该要先与劳动者协商，经劳动者同意后，书面达成一致方可进行调整。如果由于调岗引发薪资差额或其他争议，可以申请劳动仲裁或向人民法院起诉解决。

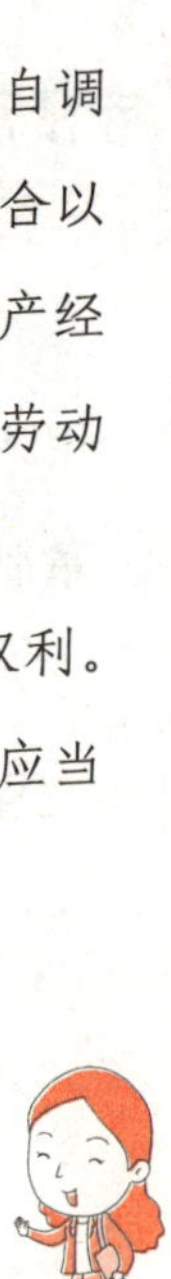

出生地被歧视，可以胜诉吗？

2022年10月，教育学研究生杨欣玲通过招聘平台浏览发现，欣欣集团正在招聘一批员工，包含董事长助理、培训主管、营销主管、渠道主管、分公司经理等20多个岗位。于是，杨欣玲向欣欣集团投递了求职信，并按照要求填写了附件表单，内容涵盖姓名、性别、出生年月、出生地、现居住地等信息。

一周之后，杨欣玲如期进行了线上面试。面试过程中，欣欣集团面试

官给予杨欣玲充分肯定，可之后就再也没有等到欣欣集团的消息。杨欣玲拨打了欣欣集团人力资源部电话，对方告诉她：所投递材料与岗位不合适，理由是出生地不合格。

出生地不合格？这让杨欣玲越想越纳闷。在本科阶段辅修了法学的她，想到我国多部法律都规定平等就业，于是，她决定通过法律手段来维护自己的权益。

那么，出生地被歧视的杨欣玲，可以胜诉吗？

法律规定

《中华人民共和国就业促进法》（以下简称《就业促进法》）第三条：劳动者依法享有平等就业和自主择业的权利。

劳动者就业，不因民族、种族、性别、宗教信仰等不同而受歧视。

《就业促进法》第二十六条：用人单位招用人员、职业中介机构从事职业中介活动，应当向劳动者提供平等的就业机会和公平的就业条件，不得实施就业歧视。

律师点评

欣欣集团的行为构成了就业歧视，也侵犯了杨欣玲的人格尊严，人民法院依法可以支持杨欣玲的合理维权。

欣欣集团不是根据求职者的学历、工作经验、劳动技能等与工作内在要求密切相关的"自获因素"进行选择，而是基于求职者的出生地等与工作内在要求没有必然联系的"先赋因素"，后者构成法律禁止的不合理就业歧视。出生地属于杨欣玲无法自主选择、控制的与生俱来的"先赋因素"，欣欣集团的区分标准不具有合理性，损害其平等地获得就业机会的权益，主观上存在一定过错，应该依法公开赔礼道歉并承担相应的民事责任。

普法问答

什么是平等就业权？

平等就业权是法律赋予劳动者的一项基本权利，主要包括：一、任何公民不因民族、种族、性别、年龄、文化、宗教信仰、经济能力等因素而受到限制，可以平等享有就业的权利；二、任何公民都可以平等地参与某一岗位竞争，任何人不得享有特权，也不得对任何人予以歧视。

有些用人单位在招用人员时，会基于地域、性别、宗教信仰等与工作无实质性关联的因素，对求职者进行差别对待。一般来讲，这些都构成就业歧视。劳动监察部门、市场监管部门以及行业主管部门应加大监察执法力度，坚决查处显性、隐性就业歧视问题，切实维护劳动者平等就业权益。

客户为退房大闹导致身亡，该由谁担责？

顾湛晨是欣欣房地产开发公司幸福家楼盘销售部经理。

江涛早在 2022 年 1 月和欣欣房地产开发公司签订合同，付了 5 万元定金，购买幸福家三期的房屋。可是，该楼盘二期的房屋未能如期交付，后又曝出该楼盘资金链断裂。江涛越想越害怕，于是从 3 月份起，多次来楼盘协商退房事宜。

2022 年 6 月，正值酷暑，顾湛晨像往常一样在案场等待客户。这一天，

江涛又来了，他借着酒劲，在楼盘大吵大闹，并对顾湛晨说，你自己想，我跑了多少趟，一次次申请，你们一次次拖。告诉你们，今天必须给我个说法，不然不要怪我不客气！随后，拿出手机，进行抖音直播。

顾湛晨脸色一阵苍白，双手发抖，人突然倒了下去。大家赶忙拨打120，不幸的是，就在送医院抢救的过程中，顾湛晨被宣布死亡。经法医鉴定，死因是心源性猝死。

那么，因退房大闹而亡的顾湛晨，该由谁担责？

法律规定

《民法典》第一千零二条：自然人享有生命权。自然人的生命安全和生命尊严受法律保护。任何组织或者个人不得侵害他人的生命权。

《民法典》第一千一百六十五条：行为人因过错侵害他人民事权益造成损害的，应当承担侵权责任。（部分内容省略）

《民法典》第一千一百七十三条：被侵权人对同一损害的发生或者扩大有过错的，可以减轻侵权人的责任。

律师点评

顾湛晨的死亡，其本人应承担主要责任，江涛承担次要责任。江涛并不知道顾湛晨的身体疾病，这对于他而言属于未知情形。经法医鉴定，顾湛晨死因为心源性猝死。可见，顾湛晨并未对自己身体负责，在明知自己有基础性疾病的前提下仍然从事高强度、高压力的工作。

此外，江涛借着酒劲用言语攻击，又打算借助网络媒体进行大肆炒作，虽然他这时并不知道顾湛晨身体有疾病的事实，但行为显然已经超越正当维权的途径，故江涛的行为与顾湛晨的死亡有一定因果关系，应承担相应的赔偿责任。

普法问答

工作中，遇到无理取闹、莫名闹事的人怎么办？

首先，不管我们怎么应对，必须坚守两个底线：法律底线、道德底线。其次，不管对方怎么闹，要稳住自己，不能乱，自己乱了，就容易被对方抓住把柄。再次，遇到来闹事的人，要及时站在有录音录像设备处，并且报警处理。最后，在现场闹事，无论对方提出怎样的诉求都不要答应，必须等双方情绪稳定后沟通再确定。

当你已经尽力协调处理之后，对方还依旧不放手。这时，你就可以请上级进行处理，交其解决。注意：切忌不通过上级自己擅自做主，这样只会造成更严重的后果。

在生活中，由于琐事而引发争吵，甚至动手的事情时有发生。这其实是一种极不理智的处理方式，不仅不能解决问题，反而会带来新的矛盾。我们遇到此类事件的时候，应该冷静6秒再开口，理智维权。

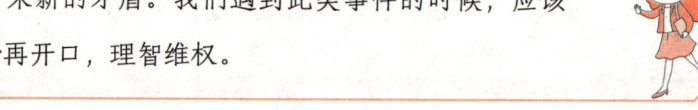

因怀孕请假而被辞退,违法吗?

2020年8月,丁萱和欣欣服装有限公司签订劳动合同,约定双方劳动期限3年,丁萱担任电商营销中心专员,负责欣欣服装线上渠道的销售与售后。

2022年8月,丁萱怀孕,由于孕早期身体不适,常需要请假。于是,欣欣服装人事找到丁萱,要求与她签订补充合同,在补充合同中特别约定孕期、产期、哺乳期的工资标准和工作方式,并且提出请病假须按规定程序申请并由医院出具相关证明,否则按旷工处理,公司有权予以辞退,并

解除劳动合同。

2022年10月11日，丁萱因身体不适，向人事处提交了医院出具的就诊凭证和病假单，欣欣服装同意其10月15—25日的10天休病假。10月27日，丁萱又来到人事处向主管提交了就诊凭证和相关产检检查单凭证，请求11月5—6日休病假，进行相关产检。欣欣服装人事处迟迟没有回复。

2022年11月7日，丁萱收到人事处的一份邮件：由于你身体不适合目前岗位工作，根据公司规定，予以解除劳动合同。

那么，丁萱怀孕请假被辞退，违法吗？

法律规定

《妇女权益保障法》第四十八条：用人单位不得因结婚、怀孕、产假、哺乳等情形，降低女职工的工资和福利待遇，限制女职工晋职、晋级、评聘专业技术职称和职务，辞退女职工，单方解除劳动（聘用）合同或者服务协议。（部分内容省略）

《女职工劳动保护特别规定》第五条：用人单位不得因女职工怀孕、生育、哺乳降低其工资、予以辞退、与其解除劳动或者聘用合同。

《女职工劳动保护特别规定》第六条：怀孕女职工在劳动时间内进行产前检查，所需时间计入劳动时间。（部分内容省略）

律师点评

欣欣服装公司因丁萱怀孕请假而辞退她，属于违法行为。

欣欣服装明知丁萱已经怀孕，还故意找借口单方面解除劳动合同属于违法行为。此外，已经怀孕的丁萱在提前告知的情况下，进行必要产检，是应当算入劳动时间，给付劳动报酬的，是不应该克扣工资的。

据此，欣欣服装的行为是违法行为。违法辞退怀孕女职工丁萱，应当按照经济补偿标准的二倍向其支付赔偿金。

普法问答

怀孕被辞退，孕妇可以获得哪些赔偿？

如果用人单位违反法律法规对怀孕员工做出解除劳动合同的话，处于孕期的职工可以依法申请以下赔偿：

第一，应当支付双倍经济补偿金，具体计算是：工作年限×离职前12月的平均工资×2倍。

第二，怀孕、产期、哺乳期"三期"工资。

第三，相关工资及加班工资，如之前有相关拖欠的工资、奖金、补贴等应当一并发放。

第四，缴纳社会保险费用。女职工因生育而享受产假待遇期间，社会保险费是要足额缴纳的。

女性在入职时，常常会被问及"是否有对象？""是否结婚了？""打算什么时候要孩子？""如果有孩子的话，孩子谁负责照顾？"等问题。有些用人单位为了规避辞退怀孕员工带来的赔偿，在入职时要求签订显失公平的合同或者以升职加薪诱导女性终止妊娠，对于此类现象我们要加以重视。

怀孕 8 个多月，可以拒绝加班吗？

2020 年 4 月，徐韵宏与星星超市签订劳动合同，徐韵宏到超市负责收银和理货。由于超市生意很好，常常晚上到了下班时间还要拖班、加班。每个月月底的盘点，常常都忙到凌晨一两点。

2022 年 5 月 5 日，徐韵宏已经怀孕 7 个半月了，她每天站着收银，常常体力不支。但是超市生意非常繁忙，人手又不够，常常收完款就去忙着

装外卖单。她想着晚上不要再加班了，跟超市经理提了两次，可经理总对她说：帮帮忙吧，我们也确实转不过来，你是熟手，你不在的话，就相当于少了2个人呢。

2022年5月底，超市经理又通知她晚上加班一起来盘点。怀孕8个多月的徐韵宏，再次找到超市经理，跟经理提出：我身体吃不消，请多理解。

经理又让她克服个人困难，还说可以做一会休息一会，请她体谅超市事多人少的局面。

那么，怀孕8个多月的徐韵宏，可以拒绝加班吗？

法律规定

《中华人民共和国劳动法》（以下简称《劳动法》）第六十一条：对怀孕七个月以上的女职工，不得安排其延长工作时间和夜班劳动。（部分内容省略）

《女职工劳动保护特别规定》第六条：对怀孕7个月以上的女职工，用人单位不得延长劳动时间或者安排夜班劳动，并应当在劳动时间内安排一定的休息时间。（部分内容省略）

《妇女权益保障法》第二十六条：妇女在经期、孕期、产期、哺乳期受特殊保护。（部分内容省略）

律师点评

怀孕 8 个多月的徐韵宏，可以拒绝加班。

一般而言，对于怀孕 7 个月以上的女职工，用人单位不仅不应该安排加班，还应该在劳动时间内，给她们安排一定的休息时间。

徐韵宏所在超市需要安排她加班、盘点等工作，首先应征得她本人的同意。徐韵宏已怀孕 8 个多月，超市仍通过打感情牌来多次安排她加班，属于一错再错。因此，徐韵宏可以拒绝超市的强行加班要求，也可以向劳动保障行政部门举报，要求星星超市纠正违法行为。

普法问答

怀孕后，女职工有哪些特别保护？

首先，关于产检。怀孕女职工在劳动时间内进行产前检查，所需时间计入劳动时间，即公司不能将其产检的时间列为事假、病假，更不得扣发工资。

其次，关于加班。对怀孕 7 个月以上的女职工，用人单位不得延长劳动时间或者安排夜班劳动，并应当在劳动时间内安排一定的休息时间。对于怀孕 7 个月以上的女职工，不得强制加班，应当为其预留一定的休息时间。

最后，关于薪资。用人单位不得因女职工怀孕、生育、哺乳而降低其工资、予以辞退、与其解除劳动或者聘用合同。注意：因怀孕而对其变相降薪的行为属于违法的行为。

休产假期间收入到底是多少？

2019年1月，程欣寰与浩然科技有限公司签订劳动合同。双方约定，程欣寰的工作岗位为销售主管，其工资由基本工资、绩效工资、奖金、补贴四部分构成，合同期限为2019年1月15日—2021年1月14日。双方签订劳动合同之后，程欣寰非常认真，带领的团队整体业绩一直稳定在全公司前列。

2019年8月，程欣寰与公司技术骨干雍骏一见钟情，两人相恋，半年后正式步入婚姻的殿堂。

2020年8月，程欣寰怀孕4个月后，向公司提出3个月后打算休产假

的申请。公司人事很快批准了她的申请，同意她在 2020 年 11 月起休产假，并要求她在此之前培养好团队骨干，此外在休息期间，做好线上团队维护工作和技术支持。

2020 年 11 月，怀孕 7 个月的程欣寰居家休产假，但她还时常在线帮助团队解答问题、嫁接资源等，可她拿到手的却只有不足 3000 元的基本工资，她非常纳闷：我没有休产假之前淡季的工资 4500 元，旺季的时候 7000 元左右，综合工资在 5800 元左右。

此外，公司在 2020 年 12 月底给予在岗员工每人 3000 元春节旅游经费，程欣寰也没有拿到这笔钱。

那么，休产假的程欣寰，收入到底该是多少？

法律规定

《中华人民共和国社会保险法》（以下简称《社会保险法》）第五十六条：生育津贴按照职工所在用人单位上年度职工月平均工资计发。（部分内容省略）

《妇女权益保障法》第四十八条：用人单位不得因结婚、怀孕、产假、哺乳等情形，降低女职工的工资和福利待遇，限制女职工晋职、晋级、评聘专业技术职称和职务，辞退女职工，单方解除劳动（聘用）合同或者服务协议。（部分内容省略）

《女职工劳动保护特别规定》第七条：女职工生育享受 98 天产假，其中产前可以休假 15 天；难产的，增加产假 15 天；生育多胞胎的，每多生育 1 个婴儿，增加产假 15 天。

律师点评

程欣寰在浩然科技有限公司工作已满一年，其休产假前 12 个月平均综合工资为 5800 元，结合当地生育津贴为 4250 元，综合工资高于生育津贴，那么就应当以 5800 元为标准支付程欣寰的产假工资。

春节旅游经费属于劳动者的报酬范畴，产假属于法定假期。根据法律规定，产假期间劳动者仍应获得相应报酬，浩然科技以程欣寰休产假为由而取消其应有的春节旅游经费实属不应该。

据此，浩然科技应该补支付程欣寰产假工资：3000—5800 元，此外，还应当补支付其旅游经费 3000 元。

普法问答

产假期间的最低收入计算？

产假最低工资标准指的是在女性产假期间，用人单位应该支付给女性员工的最低工资标准。之所以制定最低收入，是为了保障女性员工在生育期间的基本生活需求，同时也是为了促进生育政策的实施。

目前，不同地区的最低工资标准不同，导致了产假最低工资标准存在一些差异，各地产假最低工资标准是结合当地最低工资标准来浮动确定。例如：某市最低工资标准为每小时 24 元，那么在该市，女性员工在产假期间的最低工资标准也应该是每小时 24 元。

既领产假工资又领生育津贴，要不要退还？

2021年3月1日，赵莹入职星星网络运营有限公司。公司依法为其办理相关社会保险，缴纳相关费用。

2022年4月9日，赵莹入院生育，星星公司按照其产假前的工资标准足额支付了产假工资。

2022年6月，市医疗保险基金管理中心审核后，向星星公司支付了职

工生育保险金2万余元，包括生育医疗费和生育津贴等。星星公司将上述费用足额转给了赵莹。

2023年4月，公司获得风投资金2000万元注入，整体的经营战略、定位发生了调整：经营地点由扬州市整体搬迁至上海市。出于照顾孩子和家庭的缘故，赵莹和星星公司达成一致，决定解除劳动合同。同时，公司人事主管提出，赵莹既领了公司的产假工资，又拿了生育津贴，属于不当得利，在离职时应当退还。

那么，既领产假工资又领生育津贴，要不要退还？

法律规定

《社会保险法》第二条：国家建立基本养老保险、基本医疗保险、工伤保险、失业保险、生育保险等社会保险制度，保障公民在年老、疾病、工伤、失业、生育等情况下依法从国家和社会获得物质帮助的权利。

《女职工劳动保护特别规定》第八条：女职工产假期间的生育津贴，对已经参加生育保险的，按照用人单位上年度职工月平均工资的标准由生育保险基金支付。（部分内容省略）

律师点评

赵莹既领产假工资又领生育津贴,可以不要退还。

星星公司发放产假工资,后又支付生育津贴,属于企业自愿行为。

赵莹与星星公司的劳动关系存续期间,公司为其足额缴纳生育保险,依法赵莹应当享受产假期间的生育保险待遇,公司应向赵莹支付。星星公司的行为,有利于女职工身体恢复、新生儿健康成长,符合《民法典》中公序良俗的原则,也是企业积极承担社会责任的体现。

此外,星星公司的双重支付行为,没有违反法律法规,也不符合可撤销的行为。

普法问答

产假工资、生育津贴知多少?

产假工资指的是职工在休产假期间,用人单位为休产假的职工发放的工资。生育津贴指的是休产假的职工,在工作期间所缴纳的生育保险符合享受津贴标准后,在休产假的期间,由生育保险基金提供给休产假职工的相关费用。

女职工产假期间的生育津贴,对已经参加生育保险的,按照用人单位上年度职工月平均工资的标准由生育保险基金支付;对未参加生育保险的,按照女职工产假前工资的标准由用人单位支付。

特别需要注意的是,生育津贴是按照女职工本人生育当月的缴费基数除以30再乘产假天数计算。如果生育津贴低于本人工资标准的,差额部分由单位补足。单位未按规定为劳动者缴纳生育保险的,由单位承担相关支出。

保证两年内不结婚生子，无奈的承诺有效吗？

许思琳于 2022 年 2 月入职欣辰公司，担任销售中心主管，双方签订劳动合同，约定每月基本工资 5000 元，销售提成 15%，并要求她在《欣辰公司员工手册》上签字。由于手册多达 40 多页，她没有一页页去仔细看，就直接在最后一页签了名字。

2022 年 6 月，许思琳和公司维修中心的胡磊相恋。两人的恋情被发现的时候，欣辰公司的人事找到了许思琳，拿出员工手册给她看，告诉她，根据员工手册，在担任部门主管期间，禁止同司员工之间谈恋爱，保证两年内不结婚生子，违法规定的可以与其解除劳动合同。

许思琳认为，欣辰公司没有提前告知，而且这个规定有悖常理。公司人事则称，员工手册是你自己签过字的，就表示你认可且同意的。

许思琳没有按照公司人事的要求去做，2022年8月收到了公司的解除劳动合同通知书。

那么，保证不谈恋爱、不结婚，无奈的承诺有效吗？

法律规定

《劳动合同法》第二十六条：下列劳动合同无效或者部分无效：

（一）以欺诈、胁迫的手段或者乘人之危，使对方在违背真实意思的情况下订立或者变更劳动合同的；

（二）用人单位免除自己的法定责任、排除劳动者权利的；

（三）违反法律、行政法规强制性规定的。（部分内容省略）

《就业促进法》第二十七条：用人单位录用女职工，不得在劳动合同中规定限制女职工结婚、生育的内容。（部分内容省略）

《妇女权益保障法》第二十七条：任何单位不得因结婚、怀孕、产假、哺乳等情形，降低女职工的工资，辞退女职工，单方解除劳动（聘用）合同或者服务协议。但是，女职工要求终止劳动（聘用）合同或者服务协议的除外。（部分内容省略）

《劳动法》第八十九条：用人单位制定的劳动规章制度违反法律、法规规定的，由劳动行政部门给予警告，责令改正；对劳动者造成损害的，应当承担赔偿责任。

律师点评

许思琳与欣辰公司签订的劳动合同中约定"两年内不结婚生子"等条款，违反了相关法律法规的强制性规定，属无效条款。

用人单位的相关规章制度应该合法合规，婚恋自由是我国公民的基本权利之一，任何单位都无权干涉，用人单位不得通过企业内部制度来限制员工的婚恋自由。注意：企业内部制度如果与法律规定相抵触、相违背，就属于无效条款。

欣辰公司据此解除和许思琳的劳动合同，属于违法解除劳动合同的行为，已经对其造成损失，应当依法向员工支付赔偿金。

普法问答

用人单位内部制度违法，怎么办？

如果用人单位内部的规章制度不合法时，劳动者应当及时主张自己权利，否定用人单位内部制度的效力。注意：无效指的是从开始就没有效力。

用人单位内部制度可以发生效力，需要具备以下几点：

第一，内容合法、程序合法。程序合法指内部规章制度应当经过职代会或职工大会及法律规定的其他民主形式制定。

第二，不得违反劳动合同的约定。单位规章制度是用人单位单方面制定的，如果与劳动合同不一致，或者增加劳动者的义务，除非劳动者认可，否则无效。

第三，不得违反公共秩序和善良风俗。

第四，公示原则是现代法律法规生效的一个要件。同理，未经公示的企业内部规章制度，对职工不具有约束力。

美容手术后请假休养，可以算病假吗？

2020 年 6 月，王慧和凯利商务咨询有限公司签订书面劳动合同，双方约定劳动合同期限为 2020 年 6 月 20 日—2022 年 6 月 20 日，王慧担任外联部职员，每月基本工资 5500 元。

2021 年 5 月，王慧通过微信向部门主管谭经理请假，理由为身体不适，需要居家休息 7 天。5 月前后，凯利商务正好有一系列的招商和推介活动，大家都非常繁忙，还请了多位临时兼职员工。谭经理未及时回复，王慧连续 7 天未到公司。

一周之后，王慧像往常一样到公司上班，大家立即发现了她的变化：

单眼皮变成了双眼皮，鼻子也高了很多，再仔细一看，脸上的肌肤也不一样了。

王慧拿着医院整形美容科出具的就诊凭证和请假单来找人事主管，原来这一周她去做美容手术了。

凯利商务人事主管认为，王慧的请假不符合病假条件，应当属于事假，而且也未提前报备且违反劳动合同约定（公司招商推介期间不得请假），属于严重违反了公司规章制度，公司要按照员工手册进行处理。

那么，王慧去割双眼皮、隆鼻、嫩肤，可以算病假吗？

法律规定

《劳动合同法》第三十九条：劳动者有下列情形之一的，用人单位可以解除劳动合同：

（一）在试用期间被证明不符合录用条件的；

（二）严重违反用人单位的规章制度的；

（三）严重失职，营私舞弊，给用人单位造成重大损害的；

（四）劳动者同时与其他用人单位建立劳动关系，对完成本单位的工作任务造成严重影响，或者经用人单位提出，拒不改正的；

（五）因本法第二十六条第一款第一项规定的情形致使劳动合同无效的。（部分内容省略）

律师点评

王慧去割双眼皮、隆鼻、嫩肤，不可以算病假。

王慧虽出具了医院整形美容科的病历及请假单，并非证明手术系因病所致，割双眼皮、隆鼻、嫩肤虽然名为手术，但实质上是对容貌的改变，并非需要立即进行的手术，完全可以提前向公司报备后，以事假的形式向公司提出申请。

此外，王慧的行为影响到了凯利商务咨询有限公司相关业务的正常运行。并且，她也没有严格按照公司请假制度的流程去做。据此，公司有权按照相关规章制度进行处理。

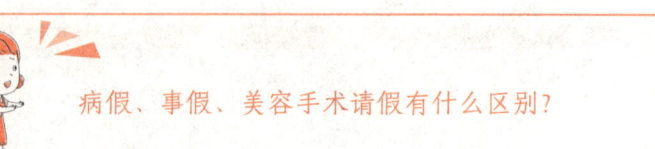

普法问答

病假、事假、美容手术请假有什么区别？

病假指的是劳动者本人因患病或者非因工负伤，需要暂停手中工作，进行医疗救治的期间，病假的期限一般由病情和医嘱决定。

事假指的是员工因个人私事或者个人原因请假，具体以用人单位批准期限为准，注意：用人单位可以不予支付事假期间的工资。

美容手术指的是非因患病或负伤所引起，本人为追求更好的外貌而进行的手术，只能视为事假，不能享受病假医疗的范围。注意：如果是因美容手术失败，导致身体伤害而需要整形修复，则属于医疗性质，应按照病假的相关规定处理。

客户不满返厂重做，个人需要赔偿吗？

郑雯是清新服装公司的主管，主要负责整个服装流水线的生产和监督工作。2023年春节之前，因外地的工人集中返乡，原本50多人只剩下不到20人，导致这个月的订单出现问题，客户定制的一批服装被返厂要求重做，致使清新服装公司受到了损失。

公司负责人认为，郑雯在这批货的制作过程中，没有及时协调和安排好生产线相关人员，导致相关班组衔接出现了错误，并且存在重大过失，

应当由其承担全部责任，并进行赔偿。

郑雯却认为，我作为公司一名业务主管，根本没有那么大的权力。同时员工不足的情况也多次向经理汇报，可一直未得到解决。再说，我司所有出厂的成品都由质检部门进行检查签字才发货的，不存在重大过失。

那么，客户不满返厂重做，郑雯需要赔偿吗？

法律规定

《劳动合同法》第二十九条：用人单位与劳动者应当按照劳动合同的约定，全面履行各自的义务。

律师点评

客户不满返厂重做，不应当让郑雯赔偿。

郑雯在工作过程中，严格按照清新服装公司安排完成这批服装的加工工作，不存在故意或者重大过失导致公司利益受损的情形。由于清新服装公司人手不足，此外，产品在出厂前也已经经过工厂质检检查签字才发货的，并不是主管一人所为。清新服装公司无法证明客户返厂是由于郑雯的故意或重大过失导致，据此，不应当让郑雯赔偿。

普法问答

劳动者需要承担赔偿责任的情形有哪些？

劳动者需要承担赔偿责任的主要情形有以下几种：无故擅自离职、不辞而别等，强行与用人单位单方解除劳动合同；故意失踪，与用人单位失联或无故不回单位；违反保密条款，违反合同中约定的保密事项，对用人单位造成经济损失；违反竞业条款，在劳动关系存续期间和离职后约定时段内，从事同业态或同类有竞争关系的用人单位。

劳动关系不等同于一般的民事关系，用人单位占有劳动者创作的价值与劳动者获得的报酬不对等，在承担风险上，用人单位应当大于劳动者。一般而言，劳动者只对其故意或重大过错造成损失部分承担赔偿责任。如果没有过失，劳动者无须承担赔偿责任。

签订竞业限制协议，是否要支付补偿金？

2019年4月，李欣然与恩宝科技有限公司签订劳动合同，李欣然担任恩宝科技技术研发部一级专员，劳动合同期限为2019年4月15日—2022年4月15日。双方特别约定：李欣然自恩宝科技离职后一年内不得再从事相关工作，恩宝科技给付李欣然竞业限制补偿金，如果违反竞业限制义务，

则一次性赔偿恩宝科技50万元。

2022年4月15日，恩宝科技与李欣然解除了劳动合同，但是一直未给付李欣然竞业限制补偿金。

2022年7月20日，李欣然与讯传网络科技签订劳动合同，担任讯传网络首席技术研发。随后，恩宝科技找到李欣然，要求他一次性支付违约金50万元，并继续履行竞业限制协议。

那么，李欣然是否要向恩宝科技支付竞业限制补偿金？

法律规定

《劳动合同法》第二十三条：对负有保密义务的劳动者，用人单位可以在劳动合同或者保密协议中与劳动者约定竞业限制条款，并约定在解除或者终止劳动合同后，在竞业限制期限内按月给予劳动者经济补偿。劳动者违反竞业限制约定的，应当按照约定向用人单位支付违约金。（部分内容省略）

《最高人民法院关于审理劳动争议案件适用法律问题的解释（一）》第三十八条：当事人在劳动合同或者保密协议中约定了竞业限制和经济补偿，劳动合同解除或者终止后，因用人单位的原因导致三个月未支付经济补偿，劳动者请求解除竞业限制约定的，人民法院应予支持。

律师点评

李欣然无须向恩宝科技支付竞业限制补偿金。

李欣然和恩宝科技在劳动合同中约定了竞业限制条款，且该相关约定条款不存在无效事由。在2022年4月15日，双方劳动合同解除后，竞业限制条款开始发生法律效力，即自2022年4月15日起1年内，在竞业限制期限内，李欣然作为劳动者应当履行竞业限制义务，恩宝公司应当按月给予李先生经济补偿。

然而，恩宝科技在李欣然离职后3个月内，即2022年7月15日前，仍未向李欣然支付经济补偿金，已构成违反在竞业限制约定中承诺的主要义务，属于违约行为。

鉴于恩宝科技公司违约在先，故要求李欣然承担违反竞业限制违约责任的请求不应得到支持。

普法问答

什么叫竞业限制？

竞业限制指由于用人单位与本单位的高级管理人员、高级技术人员和其他知悉其商业秘密和与知识产权相关的保密事项的劳动者，在劳动合同或者专项协议中约定，在劳动合同终止或者解除后的一定期限内，劳动者不得到与本单位生产同类产品或者经营同类业务的单位工作，也不得自己生产或者经营与用人单位有竞争关系的同类产品。

虽然用人单位与劳动者约定了竞业限制和经济补偿，但延期甚至拒绝向劳动者支付经济补偿金的情形时有发生。对于劳动者遇到用人单位不支付竞业限制经济补偿金的情况时可以：一、书面催告用人单位支付经济补偿金；二、在用人单位拖欠经济补偿金达到3个月时，通知用人单位解除竞业限制协议；三、如果用人单位拒不履行支付义务，劳动者可申请劳动仲裁。

需要注意的是：竞业限制的期限最长不得超过两年。

周末工作是值班还是加班呢？

王虹于2022年2月入职新程文化发展有限公司，担任该司行政部职员。2022年4月，双方签订劳动合同，合同约定：王虹每天工作8小时，每周工作5天，但是按照规定，每周要在公司值班一次，值班时间、值班的具体工作内容待定。

2022年6月之后，王虹发现每周一次的值班，主管都会提前给她安排好工作，并且还要按照流程上报。

2022年7月月度例会上，公司要求行政部支援市场部，把7月值班时间合并到7月15—17日，参加全员市场推广，并下达了各个部门的目标考核。

王虹就想：每次值班的时候，都不比平时轻松，甚至还要累，值班费还没有平时多。她找到人事主管说，公司应当支付3倍的加班工资，而不是只付100块值班费。

人事主管告诉她，我们没有加班，都是值班和合并调值班而已。

那么，王虹的周末，是值班还是加班呢？

法律规定

《劳动法》第四十四条：有下列情形之一的，用人单位应当按照下列标准支付高于劳动者正常工作时间工资的工资报酬：

（一）安排劳动者延长工作时间的，支付不低于工资的百分之一百五十的工资报酬；

（二）休息日安排劳动者工作又不能安排补休的，支付不低于工资的百分之二百的工资报酬；

（三）法定休假日安排劳动者工作的，支付不低于工资的百分之三百的工资报酬。

律师点评

王虹的周末属于加班，公司应当补齐所欠的加班费用。

王虹和新程文化虽然在合同中约定了关于值班的相关事项，但是王虹发现，所谓周六值班的内容和平时基本一致，在实质上与加班的内容无差异，远远超过了值班的范畴，可以理解为对于本职工作的延续。

休息日安排劳动者工作又不能安排补休的，应当支付不低于工资的百分之二百的工资报酬，而不是仅仅向王虹支付每天100元的值班费。

普法问答

加班、值班有什么区别？

一般而言，值班指的是用人单位基于日常的安全消防、节假日的防火防盗，或者为了处理某些突发事件等原因，在非工作时间安排劳动者从事与本职工作无直接关联的工作，比如看看门、接听电话等。

加班指的是用人单位基于生产经营的需要，与劳动者协商一致后，安排劳动者在约定工作时段之外继续从事本职的工作。

加班和值班两者的报酬差别很大。加班的话，就应当按照法定标准向劳动者支付加班报酬，计算的方法就是用劳动者的工资作为基数再乘相应的比例。如果是值班的话，则由用人单位自行规定。

判断是加班还是值班，可以通过劳动者是否继续从事与本岗位相关的工作来进行区分。

带货主播与公司之间是什么关系？

2021年4月，陈果娇与欣辰传媒签订了《演艺经纪合作协议》，双方约定：陈果娇为产品销售公司的直播代言人，欣辰传媒为经纪公司。对于收益分配，双方约定：陈果娇完成欣辰传媒要求每月有效直播时长不低于180小时、有效直播天数25天，直播时段和地点自行选择。同时直播收益不足以维持基本生活时，欣辰传媒承诺为其提供第一个月的保底工资，即4000元。合同签订第二个月起不再提供。

协议签订后，满心欢喜的陈果娇全身心地投入到了直播销售之中。但一段时间后，她发现，每天6—7小时高强度、无差错、强光灯的直播是非常具有挑战性的，甚至有时候还要日夜颠倒，让其觉得身心疲惫不堪，有

些难以承受。

一个半月之后，欣辰传媒连续多次因直播时长不足、收益不够等原因找她谈话，要求她立刻按照合作协议开展工作。陈果娇一气之下，借口请假离开了欣辰传媒。欣辰传媒3次发通知要求其按照协议继续进行直播，否则解除双方签订的合同，并要求支付违约金15万元。

陈果娇则说，我和欣辰传媒签订的是劳务合同，对方也没有为我缴纳社会保险，违约在前，我自然可以解除合作，无须支付违约金。

那么，带货主播陈果娇与公司之间是什么关系？

法律规定

《劳动合同法》第十七条：劳动合同应当具备以下条款：

（一）用人单位的名称、住所和法定代表人或者主要负责人；

（二）劳动者的姓名、住址和居民身份证或者其他有效身份证件号码；

（三）劳动合同期限；

（四）工作内容和工作地点；

（五）工作时间和休息休假；

（六）劳动报酬；

（七）社会保险；

（八）劳动保护、劳动条件和职业危害防护；

（九）法律、法规规定应当纳入劳动合同的其他事项。

劳动合同除前款规定的必备条款外，用人单位与劳动者可以约定试用期、培训、保守秘密、补充保险和福利待遇等其他事项。

律师点评

双方并非劳动关系，而是艺人与经纪公司的合作关系。

陈果娇与欣辰传媒之间没有人身依附性和经济上的从属性。由于直播时段、地点都是由陈果娇自己决定的，欣辰传媒与其没有管理关系。陈果娇的工作内容也不是欣辰传媒主业的一部分或重要组成部分，而与直播推广有直接联系，没有推广销售就没有收入。所以双方不具有劳动关系，只是一种合作关系。

普法问答

网络主播与合作方之间是否构成劳动关系？应该怎么认定劳动关系呢？

第一，判断双方是否符合法律规定的主体资格，即劳动关系的一方应当是法人或非法人组织，另一方为有劳动能力的自然人。如果双方都是自然人就不是劳动关系。

第二，双方在人身关系、经济关系上的表现形式。具有劳动关系的标准是人身关系和经济关系上的从属性（依附性），即劳动者和用人单位之间是管理与被管理的关系，劳动者应当按照用人单位的安排从事劳动活动。用人单位需要为劳动者提供劳动工具、劳动场所等。

注意：劳动关系只能是有偿的，如果是无偿的，不构成劳动关系。

可以请求签订无固定期限劳动合同吗？

周洛伊与翰海人力服务公司签订了期限为 2013 年 1 月 1 日至 2018 年 12 月 31 日的劳动派遣合同。随后，翰海人力服务公司派遣她到新兴网络服务有限公司工作。2018 年 10 月 31 日，周洛伊向翰海人力服务公司提出离职申请。

2019 年 1 月 1 日，新兴网络服务公司与周洛伊签订了劳动合同，双方约定工作期限为 2019 年 1 月 1 日—2020 年 12 月 31 日，工作岗位为数据维护与数据处理。

2021 年 1 月 1 日，双方又签订为期两年的劳动合同，工作岗位为客户

服务经理。周洛伊工作期间，多次获得客户好评，给公司带来了较好的社会效益。

就在合同到期后，新兴网络服务公司给周洛伊出具了《终止劳动合同通知书》。周洛伊认为，我已经工作10年了，怎么能说终止就终止呢？按规定不是应该签订无固定期限劳动合同了吗？

新兴人事则告诉她，合同到期了咱们不续签而已，此外，你也不符合无固定期限的条件。

那么，周洛伊可以请求签订无固定期限劳动合同吗？

法律规定

《劳动合同法》第十四条：无固定期限劳动合同，是指用人单位与劳动者约定无确定终止时间的劳动合同。

用人单位与劳动者协商一致，可以订立无固定期限劳动合同。有下列情形之一，劳动者提出或者同意续订、订立劳动合同的，除劳动者提出订立固定期限劳动合同外，应当订立无固定期限劳动合同：

（一）劳动者在该用人单位连续工作满十年的；

（二）用人单位初次实行劳动合同制度或者国有企业改制重新订立劳动合同时，劳动者在该用人单位连续工作满十年且距法定退休年龄不足十年的；

（三）连续订立二次固定期限劳动合同，且劳动者没有本法第三十九条和第四十条第一项、第二项规定的情形，续订劳动合同的。（部分内容省略）

律师点评

周洛伊可以请求签订无固定期限劳动合同。

周洛伊与新兴网络服务公司分别于2019年1月1日和2021年1月1日签订了两次固定期限为2年的劳动合同,她在工作过程中也给公司创造了积极效益。以上均符合《劳动合同法》的相关规定,可以与其签订无固定期限劳动合同。

不过要注意的是,周洛伊提出在新兴网络服务公司工作达10年,这里面分为2段,其中2013年1月1日至2018年12月31日是其与翰海人力服务公司的劳动关系,并非直接与之发生劳动关系。

普法问答

"无固定期限劳动合同"是不是铁饭碗?

无固定期限劳动合同指的是没有一个具体的、准确的合同终止时间,并不是说双方的劳动合同没有终止时间。只是在没有出现法律法规所规定的条件或者双方约定的条件时,用人单位和劳动仍需要继续按照合同履行。一旦出现了约定情形,无固定期限劳动合同也可以解除。

一定要注意一个错误的认识:无固定期限劳动合同一经签订就不能解除。有些劳动者想尽办法要签订无固定期限劳动合同;有些用人单位则不愿意与劳动者签订此类合同,总是想办法逃避。

劳动者的金饭碗、铁饭碗应当与劳动者的能力与给用人单位所创造价值成正比,而不是靠一份无固定期限的劳动合同。如果劳动者出现了违法违规行为的,一样可以解除合同。

职场遇性骚扰，怎么办？

2022年7月1日，张欣辰入职子轩文化传媒，担任产品运营主管助理职位，许磊是部门主管兼公司副总。

2022年7月22日，许磊通知张欣辰晚上参加公司宴请，由于刚到公司不久，又是主管通知不好拒绝，张欣辰便换装赴约。晚上8点半左右，许磊提议，今天不如尽兴一把，咱们跟客户一起再去紫峰一号玩一玩，便开车带张欣辰一起。

在车上，张欣辰表示时间已经不早，想回去了。许磊阻止其离开，并对她说，你听话的话，下个月就让你转正，表现好的话，还给你调薪2倍。

到了紫峰一号，许磊就拉着张欣辰一起玩，并对她表达爱慕之情。凌晨2点多，许磊送张欣辰回到住处，欲与其发生性关系，张欣辰以身体不适为由推托掉了。

2022年8月10日，张欣辰照例进行工作汇报时，许磊又一次性骚扰，被其拒绝。许磊大骂张欣辰"不识抬举、不珍惜机会"，随后开始处处为难张欣辰。

那么，张欣辰职场遇性骚扰，怎么办？

法律规定

《民法典》第一千零一十条：违背他人意愿，以言语、文字、图像、肢体行为等方式对他人实施性骚扰的，受害人有权依法请求行为人承担民事责任。

机关、企业、学校等单位应当采取合理的预防、受理投诉、调查处置等措施，防止和制止利用职权、从属关系等实施性骚扰。

《妇女权益保障法》第四十条：禁止对妇女实施性骚扰。受害妇女有权向单位和有关机关投诉。

《女职工劳动保护特别规定》第十一条：在劳动场所，用人单位应当预防和制止对女职工的性骚扰。

律师点评

遭遇职场性骚扰要冷静,别害怕,要清楚地表明自己的态度,敢于说"不",坚守底线。

此外,应当积极寻找相关证据,可以借助微信、电子邮件等载体,清晰地表达对方对自己实施了性骚扰,并说明自己是不愿意的。

张欣辰可以依法维权,主张赔偿。保留必要证据,向有关部门反映;向妇联等维权机构寻求帮助;向公安机关报案,追究实施者的责任;向人民法院起诉,要求赔礼道歉、赔偿损失、支付精神损害抚慰金等。

普法问答

什么是职场性骚扰?

性骚扰通常是指以身体、语言、动作、文字或者图像等方式,违背他人意愿而对其实施的以性为取向的有辱其尊严的性暗示、性挑逗以及性暴力等行为。

职场性骚扰的三个构成要件:一、骚扰者实施与性有关的侵权行为;二、骚扰者利用工作便利,职权、职务之便实施相关行为;三、违背了被骚扰者的意愿,给被骚扰者带来威胁或者产生心理阴影。

注意:如果用人单位对劳动者的性骚扰举报无动于衷,进而引起劳动者辞职或者违法解除劳动者的,可以要求用人单位支付经济补偿金或赔偿金。

签署放弃缴纳社保声明,违法吗?

2021年7月,高职刚毕业的唐雯想着先找到一份自由的工作,于是就做了骑手。

"你可以签署放弃缴纳社保声明,这样的话,你每送一单可以多加5块。你看你还年轻,身体也很好,那些社保你也用不到。要是不签的话,每单只有3—5块。你自己决定。"骑手公司对唐雯这样讲。

唐雯一算,一天送20单,不缴社保就可以多拿100块。想想自己也不

会做很久，为了多点实际收入，唐雯签署了放弃缴纳社保的声明。

她回家跟爸爸讲到此事，爸爸就责怪她：不懂事，怎么能不缴社保呢？你不交就没有保障，万一骑车过程中有了意外，都不能赔。你不交社保，以后老了，怎么办呢？唐雯则说，我的权利我做主，我自己放弃，我自己负责。

那么，签署放弃缴纳社保声明的唐雯，违法吗？

法律规定

《劳动法》第七十二条：用人单位和劳动者必须依法参加社会保险，缴纳社会保险费。（部分内容省略）

《社会保险法》第十条：职工应当参加基本养老保险，由用人单位和职工共同缴纳基本养老保险费。（部分内容省略）

《社会保险法》第八十四条：用人单位不办理社会保险登记的，由社会保险行政部门责令限期改正；逾期不改正的，对用人单位处应缴社会保险费数额一倍以上三倍以下的罚款，对其直接负责的主管人员和其他直接责任人员处五百元以上三千元以下的罚款。

律师点评

唐雯签署的声明并没有法律效力。

参加社会保险、及时足额缴纳社会保险费是法律对用人单位和劳动者设置的强制性条款，也是用人单位和劳动者必须履行的法定义务。义务则必须履行，不得放弃。

用人单位不及时足额为劳动者缴纳社会保险费显然违法，但是让劳动者选择放弃后多拿钱的行为，也是违法的。这部分钱本质上应当用于劳动者自行缴纳社保，但社保缴费应由劳动者和用人单位共同负担，这相当于免除了用人单位为劳动者缴纳社保的义务。

普法问答

不按时缴纳社会保险费，会有什么影响？

社会保险费是一项基础的社会保障，没有按时缴纳社保，会给我们带来一系列后果。

一、没有退休养老金。无论居民社保还是职工社保，只要累计缴满一定年限，到了退休年龄，办好退休手续后，就可以按月领取养老金。领取养老金的原则是：交得越多、年限越长，拿得越多。

二、医疗费用无法报销。只要缴纳了一定年限的医疗保险，突发大病住院的话，可以直接使用医保卡报销相关医疗费用。平时门诊治疗，都可以直接刷医保卡抵扣。医保累计缴满一定年限之后，不用再继续交费，退休后可以一直享受医保报销待遇。

三、无法报销生育医疗费用。有生育保险，不仅可以报销产检、分娩等医疗费用，还可以申请领到相当于几个月工资的津贴。

四、失业、工伤没有补贴。累计缴费年限达到要求，就能享受到对应的失业保险、工伤保险相关福利待遇。

五、影响买房、买车、落户等。有些城市买房买车的资格，会与社保缴纳直接挂钩。

劳动社交篇

试用期未缴社会保险，合法吗？

2019年7月，张芸霏入职起点商务咨询有限公司，担任课程销售总监。双方约定：2019年7月1日至2021年6月30日的两年期劳动合同，试用期6个月，2020年1月1日转正；同时试用期综合薪金标准为10000元，转正后月工资标准为15000元。

2019年12月30日，张芸霏收到公司给她发的转正通知书：鉴于你在试用期的表现良好，现通知你于2020年1月1日起转正，希望你继续

努力。

2020年2月，张芸霏因生病到医院就诊时，发现自己的医疗保险缴费时长不对，出现了断档的情形。后查询缴纳记录发现，近半年来，只有2020年1月的缴费记录。张芸霏询问公司人事主管，人事主管告诉她，试用期不缴纳社会保险。

张芸霏越想越不对：两年的合同，给了我半年的试用期，这不就是故意榨取我的价值吗？再说，试用期还不缴纳社保，是不是不对呢？

那么，张芸霏的试用期遭遇，合法吗？

法律规定

《劳动合同法》第十九条：劳动合同期限三个月以上不满一年的，试用期不得超过一个月；劳动合同期限一年以上不满三年的，试用期不得超过二个月；三年以上固定期限和无固定期限的劳动合同，试用期不得超过六个月。（部分内容省略）

《劳动合同法》第二十条：劳动者在试用期的工资不得低于本单位相同岗位最低档工资或者劳动合同约定工资的百分之八十，并不得低于用人单位所在地的最低工资标准。

《社会保险法》第五十八条：用人单位应当自用工之日起三十日内为其职工向社会保险经办机构申请办理社会保险登记。未办理社会保险登记的，由社会保险经办机构核定其应当缴纳的社会保险费。（部分内容省略）

律师点评

张芸霏的试用期遭遇不合法，起点商务咨询有限公司存在违法行为。

首先，双方约定的劳动合同期限是两年，而双方之间约定的试用期却为六个月，显然超过了法定标准，属于违法约定试用期。

其次，劳动者在入职后的30天内，用人单位应当为其办理相关社会保险。而张芸霏入职远远超过1个月，试用期内公司没有及时为其办理相关社会保险，属于违法行为。

据此，张芸霏可以请求起点公司支付试用期赔偿金，并补交相关社会保险费。

普法问答

关于试用期，我们需要注意的问题有哪些？

第一，不能超期约定试用期。试用期最长不得超过6个月，与劳动合同期限挂钩。如超期约定属违法行为，用人单位应该支付赔偿金，相当于每月要支付双倍工资。

第二，不能重复试用。同一用人单位与同一劳动者只能约定一次试用期。

第三，试用期内需参加社保。注意：人身伤害商业保险并不能免除用人单位的工伤责任。

第四，试用期内不能随意解雇。试用期内不能凭一句"不符合"就解雇员工。

第五，不得单独订立试用期合同。如果用人单位仅和劳动者约定试用期限的，则视为劳动合同期限。

离职后到底要不要向公司支付培训费和生活费？

梁晓敏 2018 年和联百外贸有限公司签订劳动合同，双方约定：劳动期限 3 年，自 2018 年 7 月 1 日—2021 年 6 月 30 日，采用基本工资（4000元）加绩效提成加补贴的方式按月发放综合薪金。

2019 年 8 月，公司组织员工到日本交流学习，梁晓敏通过部门及公司考核，顺利成为去日本学习的成员之一。就在她出国培训之前，2019 年 9 月 15 日，联百外贸又和她签订了一份培训协议书，规定：培训时长为 3 个月（2019 年 10 月 1 日—2019 年 12 月 30 日），培训期间的学费（5 万

元）、生活费用（1.5万元）由公司承担，个人消费由个人自理。同时约定：培训后经日方考核合格后，自2020年1月1日起需要为企业服务3年，如在服务期内因个人原因辞职或违纪被解除合同，须赔偿培训的全部费用。

　　2020年2月1日，梁晓敏按照《劳动合同法》提前1个月提出离职，不再继续履约。联百公司则要求其承担之前的培训费、生活费，合计6.5万元。梁晓敏则认为，出国培训属于公司安排，我不需要承担费用。

　　那么，梁晓敏到底要不要向公司支付培训费和生活费呢？

法律规定

　　《劳动合同法》第二十二条：用人单位为劳动者提供专项培训费用，对其进行专业技术培训的，可以与该劳动者订立协议，约定服务期。

　　劳动者违反服务期约定的，应当按照约定向用人单位支付违约金。违约金的数额不得超过用人单位提供的培训费用。用人单位要求劳动者支付的违约金不得超过服务期尚未履行部分所应分摊的培训费用。（部分内容省略）

律师点评

梁晓敏需要向公司支付培训费 5 万元。

梁晓敏在去日本参加培训前与联百公司签订了培训协议书，约定自考核合格后，为企业服务 3 年。2020 年 2 月时间未到，梁晓敏就提出解除劳动合同，显然违反了协议的约定。

按照梁晓敏和联百公司的约定，必须承担违约赔偿责任，向企业赔偿未服务期限的培训费用。但是，需要注意的是：承担违约赔偿责任且赔偿额度要于法有依，违约金的数额不得超过用人单位提供的培训费用，并且不包括这个期间的劳动报酬、必要的生活开支等费用。

普法问答

违反服务期约定是否一定需要支付违约金？

当劳动者违反了服务期约定时，需要向单位支付违约金。违约金的金额一般与单位支出的培训费用相当，并非完全由用人单位和劳动者自行约定。

在约定服务期的时候，需要明确三点：一、在劳动合同关于违约金的约定中，要遵循平等协商原则；二、用人单位与劳动者约定违约金时不得超过法律规定的上限，如培训费用 5 万元，约定违约赔偿 10 万元，则超过 5 万元的部分无效；三、劳动者违约时所支付的违约金不得超过服务期尚未履行部分所应分摊的培训费用。

公司解除劳动合同，可以要求公司赔偿吗？

彭婷 2016 年 5 月入职腾飞科技有限公司，担任市场销售部主管，下属团队共有 40 余人，所带领的团队业绩一直保持在全公司前三。

2021 年 10 月，彭婷想着趁国庆假期来场放松的旅行，于是向公司人事申请休年假，被公司以即将研发新产品为由拒绝了。2022 年 9 月，彭婷再次向公司人事申请休年假，又被公司以即将参加系列巡回招商活动拒绝了。

2023年3月，彭婷向公司申请病假，并提交了第一人民医院出具的病历、诊断证明书等材料，诊断报告显示：患有压迫性颈椎病，建议休息。于是，公司人事主管批准其休息10天，让她在家好好休息。

2023年5月，公司向彭婷提出解除劳动关系，并已提前经民主投票表决。原来，腾飞科技有限公司发现，彭婷在休假期间，并未在家休息，而是到韩国旅游、带货。公司副总向她核实情况的时候，她却坚称自己"在家养病"。

彭婷认为，公司解除劳动合同，要对她进行赔偿，否则就是违法行为。

那么，彭婷可以要求公司赔偿吗？

法律规定

《劳动合同法》第三十九条：劳动者有下列情形之一的，用人单位可以解除劳动合同：

（一）在试用期间被证明不符合录用条件的；

（二）严重违反用人单位的规章制度的；

（三）严重失职，营私舞弊，给用人单位造成重大损害的；

（四）劳动者同时与其他用人单位建立劳动关系，对完成本单位的工作任务造成严重影响，或者经用人单位提出，拒不改正的；

（五）因本法第二十六条第一款第一项规定的情形致使劳动合同无效的；

（六）被依法追究刑事责任的。

律师点评

彭婷不可以要求公司赔偿。

彭婷提供相关就诊凭证向腾飞科技请病假，然而却到韩国旅游、带货，且在公司后续调查中拒不承认，显然与其申请病假的颈椎病医嘱相悖，违背诚信原则和基本劳动纪律。

用人单位腾飞科技以彭婷严重违反规章制度为由解除劳动关系，于法有据，也按照相关法定解除合同程序提前告知，故可以不支付解除双方劳动关系赔偿金。

普法问答

劳动者在劳动合同中，哪些义务是要注意的？

第一，劳动者应当完成劳动任务，这是每个劳动者必须履行的义务。

第二，劳动者必须提高职业技能。随着社会和科技的不断进步，劳动者需要不断学习和提高自己的职业技能。

第三，劳动者必须执行劳动安全卫生规程。劳动者应当遵守相关劳动的法律法规，熟悉工作场所安全规定，掌握安全操作方法，确保安全生产。劳动者应当严格遵守劳动保护规定，谨慎使用安全设备，防止工伤发生。

第四，劳动者必须遵守企业的规章制度，保持自己的职业道德和纪律规范。

第五，劳动者必须按照约定保护企业的商业秘密和利益，不做有损用人单位的事情。

因照顾生病家人被辞退，可以获得赔偿吗？

王欣晨在清雅科技公司工作多年，自2015年7月入职以来，一直尽职尽责，遵守公司的各项规章制度。

2022年9月5日，王欣晨的丈夫雍文翰因车祸在异地医院抢救，王欣晨接到公安、医院的通知立刻向清雅科技公司请假，前往事故地照顾丈夫，并处理善后相关事宜。公司回复她：批准其从9月6—15日，共10天的事假，若不能按时返岗，则需要提前5天请假报备，只能再延期1次，否则就按照旷工处理。

> 王欣晨小姐，因您未在规定的日期之前返岗，公司予以对您进行辞退。

她到医院之后得知，丈夫在重症监护室（ICU）抢救，经询问，预估10—15天的时间才能转到普通病房。随后，她将相关信息及时向清雅科技人事报备。人事回复她：最晚9月25日返岗，否则就照章处理，不得再办理延期。

2022年10月8日，王欣晨收到公司的辞退通知，理由是旷工超过10天，属于严重违反单位规章制度，按照公司员工手册规定解除合同。

王欣晨认为，自己是因为照顾丈夫和处理车祸后相关事宜导致未按公司要求返岗，公司这样解除劳动合同，无疑让自己雪上加霜。

那么，清雅科技公司需要赔偿王欣晨吗？

法律规定

《劳动合同法》第四十七条：经济补偿按劳动者在本单位工作的年限，每满一年支付一个月工资的标准向劳动者支付。六个月以上不满一年的，按一年计算；不满六个月的，向劳动者支付半个月工资的经济补偿。（部分内容省略）

《劳动合同法》第四十八条：用人单位违反本法规定解除或者终止劳动合同，劳动者要求继续履行劳动合同的，用人单位应当继续履行；劳动者不要求继续履行劳动合同或者劳动合同已经不能继续履行的，用人单位应当依照本法第八十七条规定支付赔偿金。

《劳动合同法》第八十七条：用人单位违反本法规定解除或者终止劳动合同的，应当依照本法第四十七条规定的经济补偿标准的二倍向劳动者支付赔偿金。

律师点评

清雅科技公司需要赔偿王欣晨。

劳动者的合法权益依法受法律保护，劳动合同的解除权属于形成权。清雅科技公司已向王欣晨发出解除劳动合同的通知，自解除通知到达王欣晨时即产生解除的法律后果。

王欣晨在其丈夫出车祸之后，立刻向公司请假报备，由于其丈夫在 ICU 抢救，她也及时向公司人事报备。加之她之前在公司工作都是认认真真、尽职尽责，这显然不符合单位单方解除劳动合同的情形。该单方解除行为系违法解除，故此需要向王欣晨支付赔偿金。

普法问答

被用人单位解除劳动合同，具体的赔偿有哪些？

用人单位解除劳动合同对劳动者的经济补偿金，应当由用人单位一次性发给劳动者。

企业对被辞退员工的经济补偿，按照劳动者在本单位工作的年限计算，以每满一年支付一个月工资的标准向劳动者支付。其中，工作年限六个月以上不满一年的，按一年计算；不满六个月的，向劳动者支付半个月工资的经济补偿。月工资是指劳动者在劳动合同解除或者终止前十二个月的平均工资。

用人单位若克扣或者无故拖欠劳动者工资的，以及拒不支付劳动者延长工作时间工资报酬的，除在规定的时间内全额支付劳动者工资报酬外，还需加给与劳动者相当于工资报酬百分之二十五的经济补偿金。

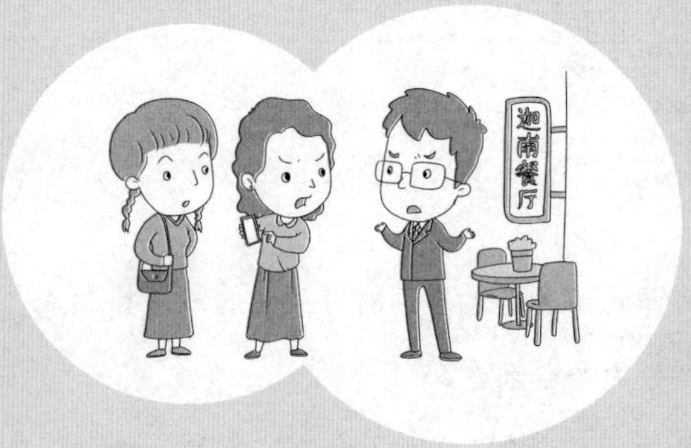
迦南餐厅

人身安全篇

RENSHEN
ANQUAN
PIAN

被乱跑的宠物弄伤,该谁承担责任?

一天吃过晚饭,独自居住的张芳像平日一样,带着饲养的阿拉斯加犬心心到小区散步。突然天色大变,张芳急忙牵着心心回去。

张芳与阿拉斯加犬心心搭乘电梯从 1 楼到 11 楼住处。到了 11 楼之后,张芳走出电梯,充满好奇的心心先走出电梯,然后又独自返回电梯,随电梯一路上行,来到了 21 楼。恰巧王雯也牵着自己的贵宾犬毛毛在等电梯准

备下去。不知是受了惊吓，还是看到了同类，电梯门刚打开，心心就狂冲出来并大声吠叫不停，似乎要向她和毛毛扑上前来。王雯受到了很大惊吓，又担心自己的毛毛和阿拉斯加犬心心在楼道打斗起来。于是，赶忙牵着自己的贵宾犬毛毛往安全通道跑去。就在躲避的过程中，王雯不小心受了伤，造成多处骨折。

那么，王雯被乱跑的心心弄伤，该谁来承担责任呢？

法律规定

《民法典》第一千二百四十五条：饲养的动物造成他人损害的，动物饲养人或者管理人应当承担侵权责任；但是，能够证明损害是因被侵权人故意或者重大过失造成的，可以不承担或者减轻责任。

《民法典》第一千二百四十六条：违反管理规定，未对动物采取安全措施造成他人损害的，动物饲养人或者管理人应当承担侵权责任；但是，能够证明损害是因被侵权人故意造成的，可以减轻责任。

《民法典》第一千二百四十七条：禁止饲养的烈性犬等危险动物造成他人损害的，动物饲养人或者管理人应当承担侵权责任。

律师点评

张芳应对王雯承担全部侵权赔偿责任。

张芳没有为宠物犬心心系牵引绳，致使其在进入电梯后自行返回，并独自乘坐电梯上楼。可见，王雯在躲避过程中的受伤是由张芳没有系牵引绳的行为所致。张芳的宠物犬虽没有对其产生扑倒、撕咬等直接接触，但王雯在看到没有采取任何约束措施的阿拉斯加犬向其逼近的时候，产生本能恐惧而紧急避让，进而摔倒受伤。因此，两者之间已具备了因果关系，张芳作为动物饲养人应当对王雯的受伤承担侵权责任。

根据《民法典》规定，只有在王雯存在故意情形时，才能减轻张芳的责任。在本案中，从楼道监控、电梯监控及张芳本人等都没有任何证据证明王雯有主动挑逗等故意情形。

普法问答

现代社会中，宠物的饲养人应该注意哪些，来更好地保护自己、保护他人？

如今，越来越多的家庭饲养各类宠物，在饲养宠物过程中，宠物的饲养人或直接管理人应增强风险防范意识和责任意识：及时为宠物办理相关登记、接种相关疫苗、定期接受健康检查、不在城市内饲养大型宠物。

此外，出门遛狗一定要采取必要的约束措施，不能任其乱跑、随处方便，以免给自己、给他人带来不必要的麻烦。饲养人不能为了自己的安逸，而忽略公共卫生和他人安全。饲养人应当树立依法饲养、文明饲养的法治理念，在满足自己兴趣爱好的同时，一定要尊重他人不受干扰、不受损害的权利，消除纠纷隐患，避免矛盾发生。

生日聚会醉酒回家途中死亡，同饮者是否担责？

2022年10月6日晚，李欣然（女）和同宿舍翟欣雨、薛沛菡、郑梦琪等12位同学一起受邀参加同学于洋的生日聚餐。于洋精心安排大家在玉琳私人餐厅就餐，并准备了很多酒水，席间一直劝大家畅饮。因为好久没有聚在一起了，大家都说今天晚上要喝个尽兴，不醉不归。大家边喝边聊天，最终将于洋准备的酒一饮而尽。

10月6日晚上22点30分，于洋提议去唱歌。李欣然觉得头晕，但碍于于洋的面子，也跟大家一起去了，一直玩到次日凌晨2点多。

10月7日，李欣然的邻居张大妈在楼梯口发现她躺在地上一动不动，身边有明显的呕吐物和血迹，赶忙拨打了110、120。

120到达现场，医务人员进行检查后，发现李欣然心脏停止跳动。公安机关勘查现场后排除他杀嫌疑，死亡医学证明书记载死亡原因系呼吸心脏骤停。

那么，李欣然醉酒回家途中死亡，同饮者是否担责？

法律规定

《民法典》第一千一百六十五条：行为人因过错侵害他人民事权益造成损害的，应当承担侵权责任。（部分内容省略）

《民法典》第一千一百七十六条：自愿参加具有一定风险的文体活动，因其他参加者的行为受到损害的，受害人不得请求其他参加者承担侵权责任；但是，其他参加者对损害的发生有故意或者重大过失的除外。（部分内容省略）

《民法典》第一千一百七十九条：侵害他人造成人身损害的，应当赔偿医疗费、护理费、交通费、营养费、住院伙食补助费等为治疗和康复支出的合理费用，以及因误工减少的收入。造成残疾的，还应当赔偿辅助器具费和残疾赔偿金；造成死亡的，还应当赔偿丧葬费和死亡赔偿金。

《民法典》第一千一百九十八条：宾馆、商场、银行、车站、机场、体育场馆、娱乐场所等经营场所、公共场所的经营者、管理者或者群众性活动的组织者，未尽到安全保障义务，造成他人损害的，应当承担侵权责任。（部分内容省略）

律师点评

同饮者应当承担责任。

当共同饮酒时，每位饮酒者都应当对自己的生命安全负有高度注意的义务。李欣然作为完全民事行为能力人，理应知道自己过度饮酒的后果，特别是在已经头晕不适的情况下再次去唱歌、继续饮酒，可能导致严重的后果。因此，她对自己的死亡应承担主要责任。

此外，同饮的于洋、翟欣雨、薛沛菡、郑梦琪等人在席间劝其喝酒，特别是于洋在其头晕不适的情况下，未有效阻止其继续一起玩乐，导致其死亡后果的发生。因此，他们对李欣然的死亡存在一定过错，应当承担相应的赔偿责任。

普法问答

聚会饮酒需要注意哪些呢？

同行饮酒或劝酒本没有大错，但是未尽到合理照顾义务，如醉酒者提醒、劝阻、照顾、护送等，而引发的生命健康权纠纷或侵权纠纷，同饮人或劝酒人需要承担相应的民事责任。此外，饮酒人如果在回家途中遭遇了意外，同饮者在没有对其进行规劝的情况下，同样也承担部分民事责任，而不是事不关己，高高挂起。

文明饮酒、适度饮酒，切莫贪杯，不要赌酒、斗酒，以免给自己和他人带来无法挽回的损失。作为完全民事行为能力人，应当对自己的酒量有足够的认识，在喝酒的过程中量力而行，避免类似悲剧的发生。

爬树摘核桃坠落受伤，孰之过？

刘家村为了打造特色乡村旅游、特色产品，充分利用当地的自然条件栽种合适的土特产品，在农科专家指导下，经村委会一致同意，在村里的陡峭山边种了很多核桃树。

"白露到，竹竿摇，满地金，扁担挑"，转眼又到了开竿打山核桃的季节。每到这个时候，"噼啪"的敲击声便回荡在刘家村中。"禁止爬树""爬

树危险"等安全警示标牌随处可见。

　　2022年国庆期间，趁着放假，从外地回村的刘佳看着结满果实的核桃树，想着要是自己能爬上去摘，该多好啊。可仔细一看，山核桃树都长在山坡边，足足有六七米高。

　　但刘佳还是爬到树上摘起了果子，谁料没有站稳，不慎从树上跌落受伤。看到的村民赶忙找来村卫生院的王巍，王巍立即和村民一起把刘佳送到镇上的医院。经诊断，刘佳左腿骨折，需要静养多日。

　　那么，爬树摘核桃坠落的刘佳，孰之过？

法律规定

　　《民法典》第一千一百九十八条：宾馆、商场、银行、车站、机场、体育场馆、娱乐场所等经营场所、公共场所的经营者、管理者或者群众性活动的组织者，未尽到安全保障义务，造成他人损害的，应当承担侵权责任。

　　因第三人的行为造成他人损害的，由第三人承担侵权责任；经营者、管理者或者组织者未尽到安全保障义务的，承担相应的补充责任。经营者、管理者或者组织者承担补充责任后，可以向第三人追偿。

律师点评

刘佳自己承担全部责任。

法律中需要提供相关安全保障义务的前提是在管理人的管理和控制范围之内。刘家村种植核桃树发展乡村经济、特色产品，并未告诉村民或游客可以自行采摘。此外，核桃树种植在陡峭的山坡边，刘家村也对其设置了相关安全警示标识。

刘佳作为一名完全民事行为能力人，应该可以预见自己擅自攀爬核桃树带来的危险和后果。她的爬树行为显然与公序良俗相违背，也与文明出行的社会价值不符。此外，刘佳坠落是自己没有站稳导致，村委会或其他村民很难预见且加以阻止后果的发生。再者，在其摔下来后，村医、村民已经第一时间将其送到镇医院，也在积极帮助她了。

普法问答

公共场所管理人员的安全保障义务有哪些？

首先，因自己行为导致发生一定结果的危险而负有防范的义务；其次，开启、关闭或者维持某种交通等而负有的警告、防范义务；最后，因从事一定行业或职业而承担防范危险的义务。

公共场所的管理人应当尽到安全与保障的义务，在组织活动的时候，应该提前将可能发生的一系列后果进行相应的评估与预判，并制定相应的突发预案。作为有完全民事行为能力的成年人必须要为自己的行为负责，不能做危险的行为，应该自觉规避此类危险行为，如果因为自己的过错导致伤害，应该自己承担后果和责任。

打篮球受伤，谁承担责任呢？

　　丁慧与黄雯馨是公司同一部门的好友，两人每周都会约着一起去打篮球，2023年4月7日，双方在进行篮球比赛的时候发生碰撞，导致丁慧摔倒受伤，后立刻送往医院就诊。经医生拍片后确诊：丁慧骨折，需要居家休息1个月。

丁慧找黄雯馨索要赔偿。丁慧认为，自己是跟黄雯馨打球碰撞的时候摔倒受伤的，理应由黄雯馨来承担赔偿责任。而黄雯馨则认为，自己跟她是正常的比赛，并没有故意碰撞，参加运动带来的风险就该由自己承担啊。

那么，打篮球受伤的丁慧，该由谁承担责任呢？

法律规定

《民法典》第一千一百七十六条：自愿参加具有一定风险的文体活动，因其他参加者的行为受到损害的，受害人不得请求其他参加者承担侵权责任；但是，其他参加者对损害的发生有故意或者重大过失的除外。（部分内容省略）

律师点评

丁慧在打篮球时与黄雯馨相撞受伤，属于运动中的正当危险后果，黄雯馨不存在故意或重大过失，不应承担侵权责任。

篮球作为竞技项目，本身具有一定的竞技性、人身危险性。基于这一特点，参与者既是危险的潜在制造者，又是危险的潜在承受者。丁慧作为具有相应民事行为能力的人明知文体活动的风险性，仍然自愿参加该活动，如果不能举证证明其他参加者对损害的发生具有故意或重大过失，受害人应当对其损失"自甘风险"。

普法问答

体育运动中的"自甘风险"适用条件有哪些呢？

第一，从适用范围上看，须为文化体育活动。一般而言，这些文体活动应该为我们通常可见，风险不高、可控，并且民众接受程度高。比如，文艺汇演、足球、篮球比赛等。

第二，当事人须有相应的民事行为能力。按照一般正常智力水平可以预见危险的存在，并可作出理性的分析和有效的选择。

第三，行为本身具有风险性。如果该活动不具有相关风险或者必然发生损害后果，则不适用该规定。

第四，当事人在主观上具有自愿性。

第五，相关体育运动活动或行为应当是合法的。当事人的行为不是为了履行道德或法律义务而承担风险，而是为了获得某种利益而选择进入到危险中，比如为了荣誉、获得满足感、挑战自我等，但不可违反公序良俗。

第六，其他参加者没有故意或重大过失。"自甘风险"只是对其他参加者一般过失的免责，如果其他参加者有故意或者重大过失的，会适用过错原则或其他原则。

高空抛烟头，后果谁来担？

2023年3月的一天，蒋馨苒独自推着婴儿车，带着6个月大的儿子到楼下的绿地上晒太阳。

突然，蒋馨苒闻到一阵烟味从婴儿车里面冒出来，定睛一看，婴儿车的车顶竟被烫穿了。蒋馨苒赶忙把孩子抱出来，还在婴儿车里面找到了燃着的烟头。所幸只是小毯子被烤焦了而已，未对婴儿造成伤害。

蒋馨苒在业主群里发了照片，询问是谁丢的烟头，但没有人承认。无奈之下，她只得报警。接警民警来了之后，通知所有业主，要采集每个人的 DNA，进行分析比对。

随后，8 楼的一位男子鲁陆承认，家里人反对自己吸烟，于是随手将烟头从窗口丢下，真的没有想到却惹来这么大的麻烦。

那么，高空抛烟头，后果谁来担？

法律规定

《民法典》第一千二百五十四条：禁止从建筑物中抛掷物品。从建筑物中抛掷物品或者从建筑物上坠落的物品造成他人损害的，由侵权人依法承担侵权责任；经调查难以确定具体侵权人的，除能够证明自己不是侵权人的外，由可能加害的建筑物使用人给予补偿。可能加害的建筑物使用人补偿后，有权向侵权人追偿。（部分内容省略）

律师点评

高空抛烟头的后果应该由鲁陆承担相关赔偿责任。

高空抛物致害，应当由从建筑物抛掷物品或致使物品从建筑物上坠落的人直接承担侵权责任。鲁陆从8楼高空抛燃着的烟头，不仅违反社会公德，而且还具有高度危险性。他的高危行为所幸没有造成更严重的后果，否则，在承担民事赔偿责任的同时，还要受到刑事处罚。

普法问答

我们应该如何防范高空抛物落物，避免该类事件的发生？

第一，我们应当明确的一点就是：认识到高空抛物将承担的法律责任及其后果是非常严重的。家中的大人要以身作则，来影响孩子，提醒老人。从我做起，杜绝高空抛物、落物。

第二，应当尽量避免在窗户、阳台等地方放置花盆及杂物，以免意外掉落物品。还可以通过安装防护网罩的方法来防范，平时也要多多留意可能会造成高空抛物的隐患。

第三，如果发现建筑物外墙面的瓷砖、水管或者广告牌等，有脱落或坠落的可能性，应当及时通知相关单位、物业管理公司，协助大家对隐患进行彻底解决，并警示路过的行人，做到互帮互助，养成良好的小区生活风气，保护好自己与他人的生命、财产安全。

高龄产妇被撞流产，可以索要精神赔偿吗？

38岁的高龄孕妇田芳，一直被不孕困扰，经过近3年的精心治疗与调理，终于怀上了自己的孩子。

2023年4月的一天，她骑着电动车出门买菜，一路上非常谨慎，突然她一声大叫，倒在了地上。等再醒来的时候，她已经躺在医院的抢救室了。

原来，迎面而来的一辆汽车将其撞伤。

田芳忍着剧痛，一直跟医生反复讲：不要打麻醉药，不要用对胎儿有影响的药物。但是她的下体不断渗血，经妇产科专家会诊：田芳，孕期15周+，但出现流产征兆，不得不进行清宫手术。

田芳听到这个消息之后，在病床上几度晕厥，她想到这几年受的苦，可能今后想再受孕就难上加难了，不禁觉得一定要肇事司机进行精神赔偿。

后经交警部门认定，汽车司机李宇城负全部责任，田芳无责任。

那么，高龄产妇田芳被撞流产，可以索要精神赔偿吗？

法律规定

《民法典》第一千一百八十三条：侵害自然人人身权益造成严重精神损害的，被侵权人有权请求精神损害赔偿。

因故意或者重大过失侵害自然人具有人身意义的特定物造成严重精神损害的，被侵权人有权请求精神损害赔偿。

律师点评

高龄产妇田芳可以向李宇城索要精神赔偿。

精神损害赔偿是自然人人身权益遭受侵害的救济手段，但并不是当事人要求就能获得支持的。

本次交通事故虽然未造成田芳身体伤残，但直接导致她被迫终止妊娠。对于经历多年治疗后不易受孕的田芳而言，这种伤害不仅仅是遭受了身体上的痛苦，更是带来了未来生育、家庭等很多方面的压力，对田芳及家人们的精神打击更大。

田芳所流产的胎儿，对其而言承载了无限的感情，也寄托了一家人的爱。田芳因此次事故遭受的痛苦，显然已经超出一般人可以忍受的程度，应当由肇事车主李宇城对其进行精神损害赔偿。

普法问答

精神损害抚慰金如何确定？

一般而言，精神损害抚慰金的确定要集合以下几个因素考虑：一、侵权人的过错程度，法律另有规定的除外；二、侵害的手段、场合、行为方式等具体情节；三、侵权行为所造成的后果；四、侵权人的获利情况；五、侵权人承担责任的经济能力；六、受诉法院所在地平均生活水平。

此外，从现行法律法规来看，精神损失赔偿标准为：严重精神损害，抚慰金的赔偿数额分为5万元、4万元、3万元、2万元和1万元五个等级；一般性精神损害，抚慰金的赔偿数额分为8000元、6000元、4000元和2000元四个等级。

公园路边扫码:"陷阱"还是"馅饼"?

2023年4月的一天,夏慧带着儿子到公园放风筝,突然有一女子喊道:"来来来,叫你们的妈妈来扫一扫,只需2秒,就给你们送玩具!有装扮小公主、奥特曼,还有各种盲盒。"

夏慧的儿子拉着妈妈,说:"妈妈扫一扫啊,我要拿玩具,你看多

好啊。"

夏慧也有些心动，拿起手机，"叮咚"一下，扫码入群。进群后，很快对方让她再拉 3 名好友进群，就可以给她 1 份玩具；拉 10 人进群，可以领 2 份玩具；拉 30 人进群，可以领 3 份玩具。

夏慧按照要求，拉了 32 个好友进群。拿到 3 份玩具她刚要走时，对方说：你可以再扫一扫，填个表单，提供收货地址和电话号码，有返现奖励。夏慧按照要求提供，对方很快就给她发来信息：垫资 18 元，做任务返佣金 28 元。

之后，夏慧按照客服人员的指导下载了"超级 FL"APP。刚开始时，派单员派发关注抖音账号的任务，她得到了少量的回报。随后，夏慧按照任务内容多次向指定账户转账，夏慧按照平台要求进行多次投注，可到头来却发现不能提现。

那么，公园路边扫码，是"陷阱"还是"馅饼"？

法律规定

《刑法》第二百八十七条之二：明知他人利用信息网络实施犯罪，为其犯罪提供互联网接入、服务器托管、网络存储、通讯传输等技术支持，或者提供广告推广、支付结算等帮助，情节严重的，处三年以下有期徒刑或者拘役，并处或者单处罚金。

律师点评

公园路边的扫码是陷阱。

由于技术门槛过低，二维码处在"人人皆可制作、印刷和发布"的状态。也许你轻松扫一扫，背后说不定是一场"骗局"！

夏慧就是没有经受住最初的诱惑。犯罪分子往往以发放福利、商品降价、送红包、包邮等为诱饵或者以未收到货款、无法到货为由，将二维码发送给受害人，并要求对方扫描以获得优惠或退款。

普法问答

面对路边的二维码，我们需要注意哪些？

第一，不要轻易打开一些来路不明的二维码、链接、红包等，不要贪图一些小便宜去扫描陌生人提供的二维码。同时，自己的付款码要妥善保管，不要轻易让他人获得。

第二，安装手机安全软件查杀手机病毒、反诈APP，并定期升级软件，各种银行、支付宝转账要通过官方网站下载的APP软件进行网银操作。

第三，在线支付软件可以通过设置当日最高支付额、申请支付口令或数字证书等方法增加安全系数，不要在用于网购的银行卡内存入过大数额的资金，避免产生巨大财产损失。

第四，如果发现自己扫码被骗、被盗，及时报案并通知银行将货款冻结，保留聊天记录、语音信息等证据。

网络主播擅自直播，要不要支付违约金？

"小姐姐，你这么漂亮，穿着时尚，衣品这么好，天生丽质，这一看十足的明星范儿。我们剧组目前正在进行演员的选拔，仅剩几个试镜名额，我们一眼就看到你，赶快跟我们去面试一下吧，没准下一位走红的明星就是你哦！"徐婉萱和江悦正在逛街，一看眼前的几位年轻人背着摄像机，挂着电视剧和剧组的证件。

徐婉萱想了想，禁不住当明星的诱惑，就加了选拔工作人员联系方式，并约定第二天在中心大酒店进行面试。

第二天，两人刚到那边，就被要求签订一份协议，约定该演艺公司是徐婉萱演艺事业的独家经纪公司，独家代理徐婉萱的全部直播、演艺事业，包括网络演艺、线下演艺、商务经纪等。关于收益分成，除直播平台另有规定外，线上直播收益双方分，线下收益按该公司40%，徐婉萱60%分配。在双方合作初期，如果收益较低的，该演艺公司给予徐婉萱一定经济帮扶。

一年后，演艺公司要求徐婉萱支付违约金二十万元，并解除合同。该演艺公司认为，公司在近一年的时间里面，花费大量物力、人力将其培养起来，如今她的知名度大大提升，开始不遵守与公司约定，不仅不如期完成相关直播任务，还擅自在其他平台自行直播，并收取高额打赏，给公司造成了恶劣的影响和经济损失。

那么，明星梦破碎，徐婉萱要不要支付违约金？

法律规定

《民法典》第五百七十八条：当事人一方明确表示或者以自己的行为表明不履行合同义务的，对方可以在履行期限届满前请求其承担违约责任。

《民法典》第五百八十五条：当事人可以约定一方违约时应当根据违约情况向对方支付一定数额的违约金，也可以约定因违约产生的损失赔偿额的计算方法。（部分内容省略）

律师点评

徐婉萱需要支付违约金。

双方签订独家经纪合作合同是双方当事人的真实意思表示。徐婉萱作为完全民事行为能力人，对网络直播、演艺行业应当有一定的认知，也应当清楚双方签订合同之后各自的权利与义务，特别是其与该演艺公司签订了独家合同。

徐婉萱在未与演艺公司商量的前提下，擅自在其他平台进行直播，并接受高额打赏等，已构成违约，故需要承担相应的后果，向演艺公司支付违约金。

普法问答

网络主播签约前需要注意哪些呢？

第一，向公司或平台索要相关合同文本。合同是各种待遇的保证，正规的公司都会提供。不管是纸质合同或者电子合同，一定要有相关凭证。第二，明晰自己的权利与义务。主播需要与公司、平台厘清自己的义务，哪些该做，哪些不该做，哪些算违规，哪些行为会导致违约都要熟悉。特别是有些签了独家经纪合同、特殊时段直播等。第三，核实主播薪资待遇。主播在选择公司、平台时，应该都对这些方面有所了解。但即使知道了基本情况，在签约前也需要反复确认，薪资是月结、周结还是日结；是否有底薪，要达到什么样的条件才能拿到底薪；有没有额外的奖励；等等。

"谈恋爱"照片被发布在网上，找谁赔？

2023 年 4 月 9 日晚上，谈妍跟一位男性朋友相约来到迦南餐厅吃饭。恰巧碰到商场的宣传团队在该餐厅取材，他们将谈妍和这位男性朋友共同用餐的画面拍摄了下来，随后配文发布在其官方微信公众号上，并配以标题：幸福的时刻就在我们这里。

2023 年 4 月 12 日，谈妍的男友张涛将这一图文转发给谈妍，并质问她怎么回事。

谈妍一头雾水，她告诉张涛，这个男生是她们公司的客户，她负责跟他对接相关工作。那天吃饭的时候竟然被拍照了，她都不知道，简直是乱

拍乱发。随后，为了打消张涛的猜疑，谈妍还把跟客户相关聊天记录截图发给了他。

2023年4月13日，谈妍来到该商场，要求删掉文章，并给自己一个说法。谈妍说，你们未经我同意怎么能随意拍照，并且用来进行商业宣传呢？明显是侵犯我的肖像权的行为。商场则辩称，你不是明星，没有流量，不算吧？

那么，莫名"谈恋爱"的谈妍，找谁赔？

法律规定

《民法典》第一千零二十条：合理实施下列行为的，可以不经肖像权人同意：

（一）为个人学习、艺术欣赏、课堂教学或者科学研究，在必要范围内使用肖像权人已经公开的肖像；

（二）为实施新闻报道，不可避免地制作、使用、公开肖像权人的肖像；

（三）为依法履行职责，国家机关在必要范围内制作、使用、公开肖像权人的肖像；

（四）为展示特定公共环境，不可避免地制作、使用、公开肖像权人的肖像；

（五）为维护公共利益或者肖像权人合法权益，制作、使用、公开肖像权人的肖像的其他行为。

律师点评

该商场应当向谈妍赔礼道歉，并且向其赔付一定的精神损害抚慰金。

该商场擅自拍摄谈妍的照片侵犯了其肖像权，并在没有得到其授权的情况下，将该照片发布于商场的微信公众号，并且撰文《幸福的时刻就在我们这里》，主观上具有侵权的故意。这让认识谈妍的人误以为谈妍结交了新的"男友"，对她的社会形象、背后评价造成了一定的偏差，也使得她和现男友之间产生了一定误会，对谈妍造成一定的困扰和精神伤害。

同时，该商场的行为也未能证明属于法律规定的合理使用他人肖像的情形。商场的微信公众号上的发文和配图属于商业性质的宣传，除明星以外的其他公民也享有肖像权，同样不能侵犯。

普法问答

哪些行为属于侵犯公民肖像权的行为？

未经本人同意、以营利为目的使用他人肖像做商业宣传、商品包装、书刊杂志封面等。对于侵犯肖像权行为，受害人可自力制止，例如：请求对方交出所拍的影像资料、除去公开陈列肖像等，也可以依法请求加害人停止侵害、排除妨碍、消除影响或赔偿损失等。

我们需要区分合理使用他人肖像的行为：一、为公益目的而使用他人肖像，比如宣传某人的先进事迹，在报纸、杂志、电视台、网络中使用先进人物的照片，可以不征得某人的同意；二、新闻报道拍摄照片和影像；三、通缉逃犯和罪犯而使用他人肖像；四、寻人启事刊登照片等。这些都是属于合理使用他人肖像的行为，不构成侵犯肖像权。

房屋所有权不完整的买卖合同，有效吗？

2019 年，岳晨父亲岳建君用其拆迁款加上自己的积蓄购得市区一处别墅，考虑到以后再办理过户手续的麻烦和不必要花费，在别墅办理不动产登记的时候将不动产权利人直接写成女儿岳晨。

随后，岳建君跟女儿一起忙装修，添置家电。岳建君说，这个是用我全部积蓄买的房子，也是我唯一的住房，房子写的你的名字，我只要有居住权就可以了。

谁料到，2022年4月，岳晨丈夫由于琐事跟她协议离婚。2022年6月，岳晨总感觉身体不舒服，到医院检查，发现自己怀孕2个多月了。这时，岳晨的妈妈却被查出了癌症晚期。

于是，岳晨多方联系中介，将这套房子以低于市场价的100万卖掉，并与买家签订补充协议，约定由买家自行将其父亲岳建君赶出房屋。

因岳建君不肯搬离，买家向人民法院起诉。岳建君也起诉，要求判决岳晨签订的房屋买卖合同无效。

那么，岳晨签订的房屋买卖合同，有效吗？

法律规定

《民法典》第一百四十六条：行为人与相对人以虚假的意思表示实施的民事法律行为无效。

以虚假的意思表示隐藏的民事法律行为的效力，依照有关法律规定处理。

《民法典》第一百五十三条：违反法律、行政法规的强制性规定的民事法律行为无效。但是，该强制性规定不导致该民事法律行为无效的除外。

违背公序良俗的民事法律行为无效。

《民法典》第一百五十四条：行为人与相对人恶意串通，损害他人合法权益的民事法律行为无效。

律师点评

岳晨签订的房屋买卖合同及补充协议无效。

首先，岳建君出资购房，虽然将不动产姓名写成女儿，但仍然保留了对房屋的居住权，且岳建君依然在此房居住，未在其他地方购置房产，女儿对该房屋享有的房屋所有权是不完整的，其处分权应当受到限制。其次，岳晨明知该房屋为岳建君唯一住所，仍以明显低于市场价的100万元价格出售，侵害了岳建君的权益，且有违公序良俗。最后，买房人明知该房屋有纠纷，还以明显低于市场价的价格购买此房，并非善意房屋受让人。

所以，岳建君享有房子的合法居住权，可以判定买卖合同及补充协议无效。

普法问答

如何做到既赠与房屋给子女，自己又能安心居住呢？

大多数父母会选择在有生之年将自己名下的房屋赠与子女，但房屋赠与子女之后，自己的居住问题却成了新的困扰。其实，父母在赠与子女房产时，可以通过设定居住权的方式保障自身的居住权益。

需要注意的是：居住权的设定以登记为要件，而不是口头约定，应该到不动产登记部门进行居住权登记，以更好地保护老年人的居住权益。

租到"甲醛房",该怎么办?

周璐艺是一名"二孩"妈妈,有一个上初中的孩子和一个上幼儿园的孩子。

为了让孩子早上能够多睡会,周璐艺打算在学校附近租一套房子。2022年6月20日,她通过中介公司看中了新装修的一套三室一厅。中介信誓旦旦地说,房东全部采用的是环保材料,保证不会有任何污染。双方约定租金5500元,半年一付,租期3年,押金为1个月房租。如果房屋交

付时影响人的健康和安全的话，则承租方有权解除合同。

2022年7月15日，周璐艺添置了一些电器就搬过去了。不久她发现房间的空气质量很差，有较重的化学刺激性气味。

出于安全考虑，周璐艺特别委托专业环境检测机构对房屋进行甲醛检测。结果让她大吃一惊：房屋内甲醛、TVOC、总挥发性有机化合物浓度严重超标，有些指数竟然超过标准5倍之多。甲醛是一类致癌物，严重超标那意味着这间房子显然不适合居住。

于是，她以房屋影响健康为由，向房东和中介公司提出解除租赁合同、退还租金并赔偿损失。房东则认为，解除租赁合同的话，周璐艺要承担违约责任，否则不可以。

那么，租到"甲醛房"，周璐艺该怎么办？

法律规定

《民法典》第七百三十一条：租赁物危及承租人的安全或者健康的，即使承租人订立合同时明知该租赁物质量不合格，承租人仍然可以随时解除合同。

律师点评

周璐艺可以要求解除租赁合同，并要求房东承担相应的赔偿。

房东所交付的房屋应当符合居住标准。根据周璐艺提交的检测报告，房东所交付的房屋室内甲醛、TVOC、总挥发性有机化合物不符合标准。这足以证明交付的房屋不符合正常的居住标准，房东已构成违约。

注意，在租赁合同解除后，周璐艺未发生的租金应予退还。已发生的租金，应综合考虑质量不合格的程度、所产生的人身损害以及出租人是否存在隐瞒的故意等多重因素而最终确定。

普法问答

租的房子甲醛检测超标，我们可以怎么解决？

第一，承租人可以与房东进行协商，要求对方出资进行甲醛治理或者解除租赁合同，如数将租金退还承租人，并根据实际赔偿承租人。

第二，如果承租人与房东经过协商无法解决问题，可以向消费者协会或者有关部门进行投诉。

第三，如果承租人已经经过权威机构检测，手中有相关甲醛超标的证据，那么，可以通过法律手段维护自身的合法权益。

租赁房屋甲醛含量超标，属于可能危害人体健康的情形，承租人可以要求解除合同。需要注意的是：如果我们自感租赁房屋内甲醛可能超标，最好的方法是双方共同指定检测机构进行检测并共同监督检测过程，避免后续一方不承认或重复检测的争议。